# Abdominaux arrêtez le massacre!

# 减腹力

〔法〕贝尔纳黛特·德加斯凯◎著

喻祺◎译

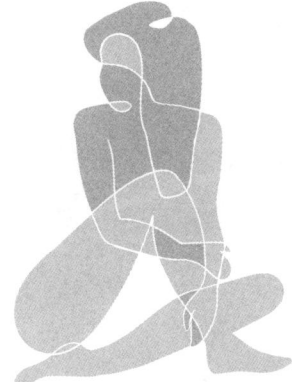

北京科学技术出版社

**读者须知：**

本书中的所有建议均是作者结合多年实践经验审慎提出的，虽然如此，图书依然不可替代医疗咨询。如果你想获得详尽的医学建议，请向有资质的医生咨询。因本书相关内容造成的直接或间接不良影响，出版社和作者概不负责。

© Hachette Livre (Marabout), 2009
Current Chinese translation rights arranged through Divas International, Paris (www.divas-books.com)
Simplified Chinese Edition Copyright ©2025 by Beijing Science and Technology Publishing Co., Ltd.

著作权合同登记号　图字：01-2023-2873号

图书在版编目（CIP）数据

减腹力 /（法）贝尔纳黛特·德加斯凯著；喻祺译. -- 北京：北京科学技术出版社，2025.3
ISBN 978-7-5714-3658-2

Ⅰ．①减… Ⅱ．①贝… ②喻… Ⅲ．①腹—健身运动 Ⅳ．①G883

中国国家版本馆CIP数据核字(2024)第028430号

| | | | |
|---|---|---|---|
| 策划编辑：孔　倩 | | 电　话：0086-10-66135495（总编室） |
| 责任编辑：田　恬 | | 　　　　　0086-10-66113227（发行部） |
| 责任校对：贾　荣 | | 网　址：www.bkydw.cn |
| 责任印制：李　茗 | | 印　刷：北京盛通印刷股份有限公司 |
| 图文制作：旅教文化 | | 开　本：880 mm×1230 mm　1/32 |
| 出 版 人：曾庆宇 | | 字　数：125千字 |
| 出版发行：北京科学技术出版社 | | 印　张：7.25 |
| 社　　址：北京西直门南大街16号 | | 版　次：2025年3月第1版 |
| 邮政编码：100035 | | 印　次：2025年3月第1次印刷 |
| ISBN 978-7-5714-3658-2 | | | |
| 定　　价：69.00元 | | 京科版图书，版权所有，侵权必究。<br>京科版图书，印装差错，负责退换。 |

# 中文版序

如何更好地关爱自己，是我们每个人都在不断探索的课题。法国知名专家贝尔纳黛特·德加斯凯的这部经典之作不仅是一部帮助我们重塑腹部形态的指南，也是陪伴我们自我发现与自我重塑的一段旅程，它像一盏明灯，照亮我们追求健康与美的道路。

腹部，女性身体中的核心区域，既是生命的摇篮，也是情感的港湾，象征着女性力量与柔美。但随着岁月的流逝和压力的累积，腹部形态的变化常使女性面临健康与心理的双重挑战，导致许多女性与自己的身体产生隔阂。

在这本书中，德加斯凯带领我们洞悉减腹的力量原理，为我们提供了科学有效的减腹方案。她鼓励我们勇敢面对自己的身体，提醒我们改变永远不晚，无论在生命的哪个阶段，我们都有能力重拾自信与健康。

每位女性都值得拥有健康的身体和积极的心态。在这本书的陪伴下，让我们更好地面对挑战与困惑，理解真正的改变的力量源自我们内心深处的渴望和勇气。愿每位女性都能在这段旅程中，找到属于自己的光芒，绽放最美丽的自我。

李 哲

广东医科大学功能康复与护理培训中心负责人

# 目　录

引　言 ………………………………………………… 1

第一章 | 重新认识腹部 ………………………………… 13
　　　　理解三个重要概念：压力、呼吸和伸展

第二章 | 坐直，别趴下！ ……………………………… 55
　　　　在重力影响下，许多日常行为都可能对腹肌和背部造成损伤

第三章 | 打造坚实的核心力量 ………………………… 77
　　　　腹横肌是使人稳定站立的基础，是抵抗骨盆压力的堡垒，
　　　　也是我们拥有坚实背部的保证

第四章 | 踏上改变之路 ………………………………… 97
　　　　基础篇：人人都做得到！

第五章 | 继续向前 ……………………………………… 123
　　　　进阶篇：迎接更高的挑战

第六章 | 呐喊吧，腹部！ ……………………………… 155
　　　　深入篇：假性胸腔吸气、想象式腹肌锻炼及深层腹肌锻炼

第七章 | 拓展部分 ……………………………………… 179
　　　　基于特殊需求与可行性原则的腹部锻炼

结　语 ………………………………………………… 225

ABDOMINAUX: ARRêTEZ LE MASSACRE!

# 引 言

## 认识腹肌

腹肌泛指腹部肌肉,分布于人体的胸腔与下肢之间。我们通常认为,腹肌只分布于躯干前部,殊不知躯干两侧及后部均有腹肌分布。

## 腹肌的作用

◆ 保护腹部内脏:包括肠道、胃、肝、脾、肾、胰、膀胱,以及女性的卵巢及子宫。

> 在农村,有时会看到被宰杀后悬挂着的兔子,观察可见,其内脏被一层腹膜包裹,并被韧带固定,像袋子一样悬挂着。

由于重力作用的影响及脊柱的存在,我们站立时内脏通常向前方和下方移动。如果腹壁松弛,内脏会随之向前移动并下垂。

即使你并不肥胖,并拥有健壮的腹肌,到了晚上你的腹部轮廓依然不会像清晨起床时那么平坦,特别是在站了一整天的情况下。

即使体形纤瘦的老年人也经常出现腹型肥胖问题。人类天生拥有腹部这个向身体前下方膨出的薄弱部位,此处的肌肉和弹性组织被拉伸后,久而久之会变长和胀大。如果腹腔体积增加(怀孕、肥胖、肿瘤、腹水),腹部便会膨胀,向前鼓凸。

◆ 呼吸作用:膈肌位于腹腔顶部,以分隔胸腔和腹腔,有助于人体完成呼吸。吸气时,腹肌向下移动,将腹部内脏向下推。由于腹肌具有弹性,腹部会向外"鼓起"。随后,这些腹部肌肉会恢复松弛状态,如同拉长的橡皮筋被松开。之后收缩,将膈肌向上推,使空气排出(即呼气)。

◆ 促进血液循环:在呼吸过程中,腹肌运动使膈肌充当了"泵"的角色,不仅能控制空气进出,还能带动静脉回流。如果呼吸仅依靠胸腔,而没有腹肌参与的话,就容易导致血液循环减慢,下肢血液流通不畅。

◆ "按摩"内脏:调节内脏活动,促进消化并利尿。例如,膈肌每运动一次就会将内脏调动起来。如果以正确的方式呼吸,肾脏就相当于每天运动了12千米。这也解释了为何久坐不动等缺乏运动的人常常出现消化和血液循环方面的问题。

◆ 推动作用：在排便、分娩或呕吐时，腹肌会发挥推动作用，压迫内脏使其排空。

◆ 协调运动：腿部运动、手臂运动、躯干运动，以及行走、弯腰、站立、转身等动作，都需要腹肌的参与。因为人体是一个整体，即使各部位之间没有直接接触，也会牵一发而动全身。

◆ 支撑背部：腹肌可起到保护作用，与背肌共同保持身体的直立姿势。

◆ 塑造轮廓和外形：腹肌可以塑造健美曲线，打造完美的腰身比例，维持良好身材。

## 腹部

### 男性与女性腹部形态的差异

与男性的体态轮廓相比，女性拥有更理想的脊柱生理弯曲结构。我们在描述女性的体态时，经常用"前凸后翘"一词，即胸部前凸，臀部后凸。与女性相比，男性则是髋部向前，肩膀偏后。男女体态特征的差异体现为：同样是腹部较大，女性下腹部凸出不明显（可能仅仅表现为腰部以下的轻微凸出，甚至可能被腰带遮住）；男性则更容易凸显腹部，腰带可能会斜向耻骨部位。

## 不同文化中的理想体态

下图为两种截然不同的健壮男性雕塑。左图塑像来自柬埔寨（线条流畅），右图塑像来自古罗马（肌肉强壮）。

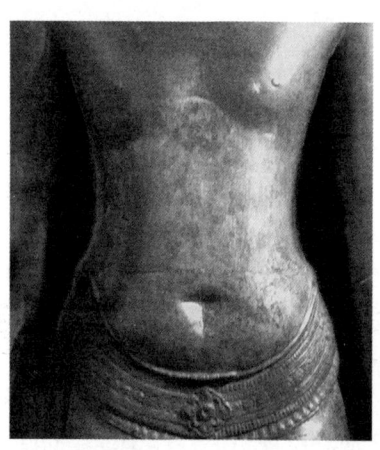 

## 各大洲女性的人体形态学差异

非洲女性的体态比较特殊,她们体形起伏有致,脊柱弯曲明显,背部更凹陷,骶骨呈水平状。虽然她们的臀部不大,但是很翘。而亚洲女性背部平坦、骶骨垂直,臀部线条不明显。

欧洲女性则介于这两种体态之间,且存在较大的个体差异。

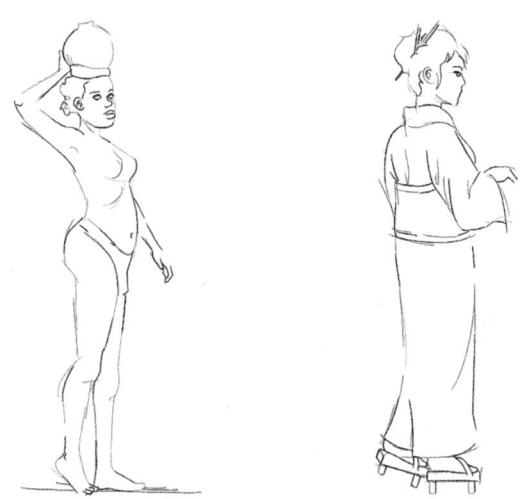

## 为什么我们会有"肚子"

这里的"肚子"并非通常意义上的腹部,而是腹部前凸形成的肚腩。肚腩形成的原因包括以下几个方面。

◆ 体态不佳：对于体形偏瘦的年轻人来说，肚腩一般是由姿势不佳导致的，驼背必然导致腹部前凸。凸起的腹部出现在婴儿身上可能很可爱；对于青少年来说可能略显"性感"，因为它拉大了胸骨和骨盆的距离。但随着年龄的增大，前凸的小腹就不那么美观了，特别是女性怀孕后，当腹肌的拉伸超越了极限，就会变成一条"失去弹性的松紧带"。

对于男性来说，几十年时光流逝后，最终留下的可能只有日益发福的身材（如啤酒肚）。

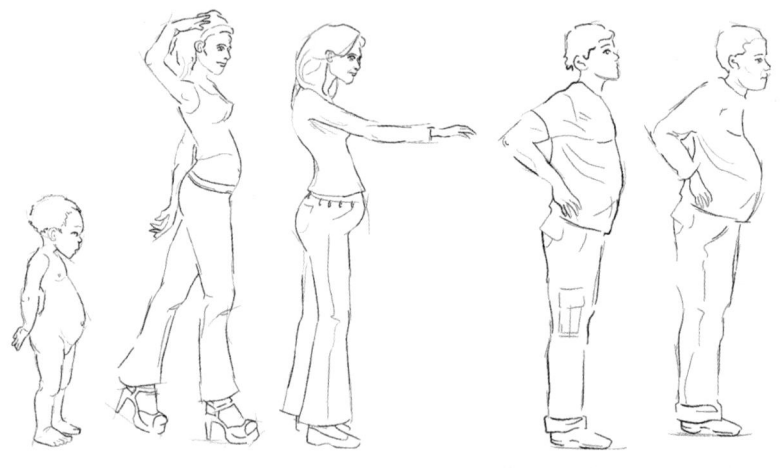

日常生活中，懒散的坐姿会使背肌和腹肌过度放松、腹部下垂，导致内脏随之移位。

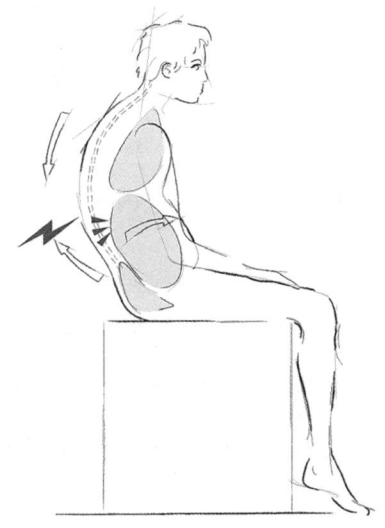

不当坐姿引发的腹部下垂

◆ 肥胖：对于人体来说，肥胖有百害而无一利。过剩的脂肪会加重腹部的下垂。

◆ 消化问题：会引发腹部膨胀，膨胀可分为临时性和永久性两种。例如，慢性便秘会引发腹胀，导致腹部肌肉被过度拉伸。

◆ 怀孕：女性怀双胞胎、多胞胎，对肌肉和皮肤都是一种考验，皮肤的弹性纤维有可能断裂，从而形成妊娠纹。

即使是单胎，若胎位不正或胎儿偏大，也会使母体难以承受，特别是对于身材矮小的女性来说（见第 182 页"怀孕"部分）。此外，短时间内连续怀孕，对母体腹肌的恢复也极为不利。

肿瘤会使腹部变形。例如，腹腔内大的纤维瘤会使腹部像怀孕一样隆起。

某些错误的运动方式，特别是那些腹部用力不当的练习，会导致肌肉松弛、腹部向外凸出，并弱化腰腹部某些肌肉的力量，影响内脏向上、向内回缩至原位，从而影响脊柱支撑作用的发挥。

## 平坦而健美的腹部

### 拥有平坦的腹部

拥有平坦的腹部只是为了美吗？

对于女性来说，无须过度追求年轻漂亮的外貌和丰满的乳房；对于男性来说，也不是人人都能天然拥有荷尔蒙爆棚的巧克力排状腹肌。但是明显的肚腩和驼背意味着身体的变形，会引发诸多健康问题，如背部疾病、循环系统功能失调、呼吸障碍、疝气、内脏脱垂等。

雷诺阿笔下的女性总是体态丰盈，腹部圆润结实，从未出现过腹部膨出、肌肉松弛的情况。

强健的运动员必定拥有与运动需求相适应的发达的腹肌，因为腹肌可以有效平衡运动所需的力量。

匀称的腹肌可以支撑背部，使内脏保持在原位。

## 如何拥有健美的腹肌

在进行腹部肌肉训练时，应做到以下两点。

◆ 避免所有可能使腹部向前或向下凸出的训练；

◆ 增加有利于腹部内脏回缩、上移并保持原位的训练。

本书提供的训练方法强调以下要点。

◆ 避免可能使腹部向前或向下凸出的训练；

◆ 纠正日常体态，如工作坐姿、用力方式；

◆ 纠正呼吸方式；

◆ 平衡腹部肌肉，强化肌肉的支撑功能；

◆ 在日常用力，包括排便（或分娩）时，减少对腹部的挤压。

下面将详细介绍如何进行训练、以往的训练（特别是形体训练）存在哪些误区，并根据不同的年龄、环境和生活方式逐步进行调整。

## 第一章 | 重新认识腹部

理解三个重要概念：压力、呼吸和伸展

我们应重新认识腹部，了解这一奇妙的身体部位在人体中发挥的重要作用，从而更好地使用、维持和保护它。首先要理解以下三个重要概念：压力、呼吸和伸展。

## 三个重要概念

### 压力

人体大致可分为三个承压区与四肢。

**三个承压区**

◆ 脑功能区：即颅骨区，它是最坚硬的一个区域。因为大脑需要保护，以免受到冲击和压迫，所以此区域骨骼较多且不易变形。

这一区域的承压不宜过大，体积也不宜过大且一般不会有太大变化。

◆ 呼吸功能区：即胸腔区域，其外壁为骨质结构，由胸椎、肋骨、胸骨等构成，此区域微具弹性，使胸腔能够起伏，从而进行呼吸运动。

心肺在此区域运行，虽然它们的体积与承压会发生变化，但所处的位置基本固定。

◆ 消化与生育功能区：该区域外壁"柔软"，极具弹性；骨质结构很少，主要是脊柱腰段和骨盆。

此区域的外壁主要由肌肉组成：上部为膈肌，中部为腹肌和背肌，下部为盆底肌。这使得腹部富有弹性，可以较好地适应体积与承压的变化。

• 腹部的体积可变。进食可导致胃部膨胀，而随着食物的消化，胃会逐渐回缩。膀胱与直肠也是这样工作的，肠道通过不断蠕动以促进消化。

子宫位于膀胱和直肠之间，其位置和体积也是可变的，可以容纳一个、两个甚至更多个胎儿。

在病理状态下，肝脏、脾脏会变得肿大。腹部肿瘤也会使腹部凸起。

• 腹部的压力可变。腹压随着腹部体积的变化而改变。腹部回缩导致腹压增大，常见于呕吐、排便、分娩时。

呼吸时，在膈肌下移时收缩腹肌，也会导致腹压增大。

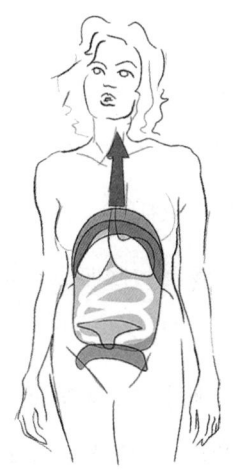
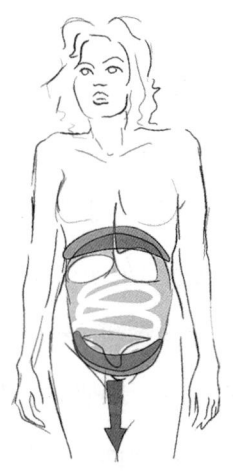

呼气时：
膈肌向上伸展，推动腹部内脏上移，使腰部出现曲线

吸气时：
膈肌向下收缩，推动腹部内脏下移，使腰部变宽、小腹隆起

- 内脏处于运动与变化之中，且处于"悬空"状态，由弹性较大的韧带固定（连接子宫与卵巢的阔韧带与膝关节处的韧带有着天壤之别）。

阔韧带必须适应内脏形态的变化。如怀孕期间，子宫的位置与形态会发生变化，可能上移、偏斜，并逐渐变大，阔韧带必须紧随子宫的变化而变化。

怀孕时，隆起的子宫不仅会使胃、肠道后移，还会压迫膀胱。

膈肌上下运动，带动肾脏每天运动约 12 千米。

所有内脏均是悬空的，彼此相互联系、相互影响。

整个腹腔都随着膈肌一起运动。当膈肌向下收缩时，腹部内脏随之下降；当膈肌向上伸展时，腹部内脏又随之上升。

• 腹壁也处于运动中。日常呼吸时，腹壁会同时进行两种运动：上下运动和"中间－四周"运动。

吸气时，膈肌向下收缩，推动所有内脏下移。盆底肌（封闭骨盆底的肌肉群）也随之下移，并向外凸出。盆底肌的下移导致腹部整体下移。

膈肌下移时，还会向前施加压力，导致腹肌向前伸展，腹部微隆并舒展，宽度增加的同时高度下降。

呼气时，情况正好相反：腹肌收紧，直至恢复放松状态，膈肌向上舒展。盆底肌也被提起，高度上升的同时宽度逐渐减小。

呼吸平缓时，人体无须特别用力，腹压的变化微乎其微。但当肺部充满从外界吸入的气体时，膈肌会被堵在底部，腹肌的用力收缩会导致腹压猛增。

当膈肌下移时，骨盆也随之下移。

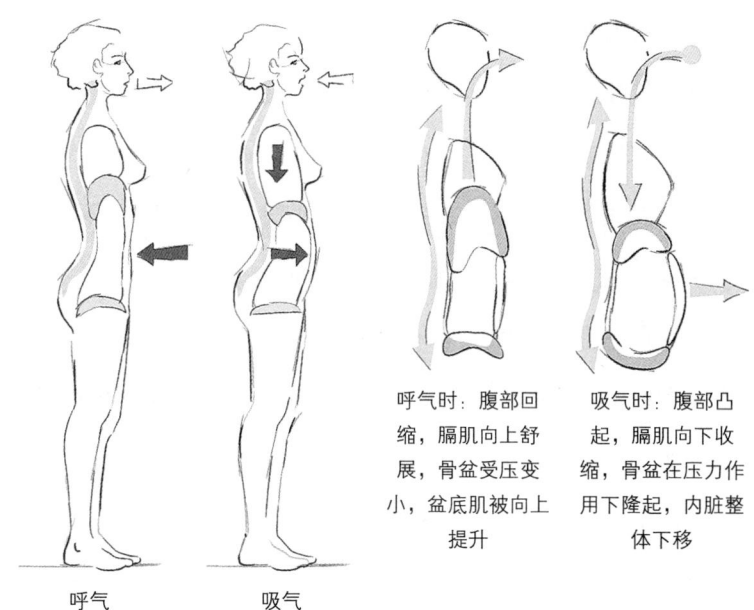

呼气时：腹部回缩，膈肌向上舒展，骨盆受压变小，盆底肌被向上提升

吸气时：腹部凸起，膈肌向下收缩，骨盆在压力作用下隆起，内脏整体下移

呼气　　吸气

以上分析表明，进行腹肌训练时，应避免膈肌向下收缩导致的腹压过高（也包括颅压过高，如用力呼吸时），以保护盆底并防止内脏脱垂。

同时，肺部气体的过度充盈（用力呼吸）会增加椎间盘的压力。武术和传统的形体运动通常强调在呼气时发力，经常在发力时会伴随着从丹田处发出的喊声。同样，樵夫用力砍柴时会发出"嘿哟"声，举重运动员和网球运动员运动时，以及空手道运动员在对战时也会大声叫喊。这样做有助于减轻椎间盘承受的压力。

**腹压过高的后果**

腹压过高对内脏、腹肌及盆底肌都会造成影响。

*对内脏的影响*

由于人体每日卧床一般少于 12 个小时（生病等情况除外），用于固定内脏的韧带多数时间都在抵抗重力。

人类在进化时，不仅没有加强内脏韧带，还因为进化为直立行走大大增加了内脏韧带的负荷。要知道，爬行动物的内脏承受的压力要比人类小很多。因此，我们在日常生活中，特别是在进行塑身训练时，应避免增加向腹部施加向下的推力。

由于生理构造的原因，女性的腹部比男性的更脆弱一些。女性的膀胱和直肠之间，还有子宫和一条相对空荡的通道——阴道。内脏在下移或推挤过程中，更倾向于"冲向"这一相对空荡的通道。

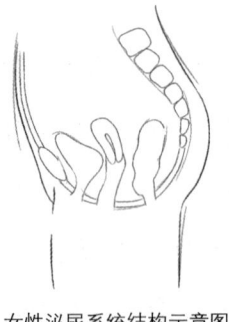
女性泌尿系统结构示意图

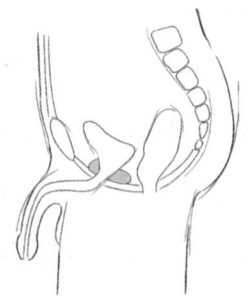
男性泌尿系统结构示意图

女性孕期会大幅度拉伸子宫韧带，使腹壁变薄。分娩时，也会向子宫韧带施加长时间的下行压力（最大重量可达 20 千克）。

在怀孕和分娩期间，膀胱和直肠不断受到压迫，甚至可能会向外膨出。

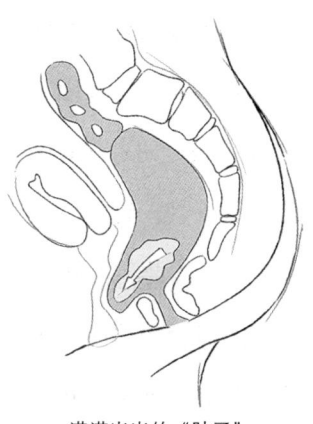

满满当当的"肚子"

因此，难产导致的盆腔脏器脱垂在产妇群体中时有出现。分娩时甚至需要从上到下用力推压腹部（按压宫底），才能使胎儿娩出，这将增加韧带无法恢复的风险。

慢性便秘患者经常用力屏气，这容易导致膈肌向下收缩、腹部肿胀，甚至内脏脱垂，即盆腔脏器膨出及盆底肌松弛，导致无法正常排泄（便秘），并形成恶性循环。

男性没有阴道等生理构造，盆底相对稳固。不过他们的腹壁也有薄弱部位——疝气口，即腹肌中的微小间隙。在咳嗽、打喷嚏等用力过度的情况下，肠道组织可能从疝气口向外突出，形成疝气。疝气在腹壁薄弱者和经常参与腹压增加运动的运动员中较为常见，如果不能掌握正确的发力方式，就很容易导致腹压过高，推动内脏下移。

*对盆底肌和腹肌的影响*

若膈肌向下收缩，腹部会随之下沉，导致盆底凸出，盆底肌向外伸展。如果盆底肌被持续、反复拉伸，可能因超出承受能力而失去弹性，这样就无法继续起到支撑、抵御及加固作用（引发失禁）。因此，慢性便秘患者经常出现盆底脱垂问题，失去弹性的盆底肌无法固定盆腔脏器的位置、无法提供排便时所需的压力，这将迫使他们花费更多的时间和更大的力气排便，增加了盆底肌受到的压力。

若膈肌向下收缩，腰部会变宽，腹肌更加伸展，从而使内脏脱垂，并向前和向下移动。因此，强化训练腹部肌肉，特别是下腹部肌肉，有利于腹腔内脏保持在固定位置。

在后面的内容中，我们将讲到，强化腹肌力量时，永远不要缩小胸骨与骨盆、肩部和臀部之间的距离。在以往的腹肌训练中，这种错误经常出现。

**如何调整腹腔内的压力**

为防止上述错误训练产生有害影响，人体在发力时，尤其是进行腹肌锻炼（如收缩腹部）时，应避免主动收缩膈肌，防止其下移。

在此引出两个关键的概念——"呼吸"和"伸展"。

比利时运动疗法学博士马塞尔·考夫里兹测量了不同情况下的腹压后发现，人体在直立状态下受重力影响时，腹压约为 4 千帕；当肺部充满空气时，腹压升至约 6.7 千帕；而在进行某些腹肌训练时，腹压甚至超过了 33 千帕。

但强化腹肌与降低腹压并不矛盾，选择正确的运动方式，可将腹压降低至 -6.7 千帕。考夫里兹博士研发了一套腹部体操，名为"低腹压体操"（与传统的高腹压腹肌训练相对应）。

## 呼吸

腹式呼吸是指从鼻腔到骨盆都参与的呼吸方式。

腹式呼吸以膈肌运动为主，如动物、新生儿或成人睡眠期间的呼吸。吸气时，膈肌向下收缩，像活塞一样向肺内吸入空气。呼气时，膈肌上升，将空气向外排出。

观察一下狗或猫的呼吸就会发现，吸气时它们的腹部微隆，呼气时腹部回缩。更细致入微地观察会发现，吸气时它们的鼻孔张开，呼气时肛门收紧，这就是从鼻腔到骨盆都参与的腹式呼吸。人类也是如此，特别是在平躺的时候。

当人懒洋洋地坐着或弯腰驼背地站立时，一般无法进行腹式呼吸。这种情况下的呼吸只是肋骨上下运动及胸部微微扩张，下腹部完全没有参与。

**注意事项**

常见错误：健身房中教练常引导学员进行深呼吸。错误做法是吸气时抬高肩部及胸部，此时膈肌不会向下收缩；或者呼气时压低肋骨和胸部（此呼吸方式只有胸腔参与，膈肌和腹肌并没有参与）。

因此，吸气时不应刻意使腹部外凸，这样会推动膈肌下移、腹肌伸展。

> **谨记**：练习呼吸时从呼气开始，不主动收缩腹部肌肉。

呼气时不应刻意回缩腹部，因为发力点通常位于上腹部。如果在肚脐及其上方收腹，肋骨就会向内收紧，使肚脐下方受到挤压而向外凸出。

若呼吸时收胸或挺胸，情况会更严重（详见第二章"骨盆倾斜"部分）。因为吸气时会同时产生向前和向下的推力，呼气时会更加用力，导致腹压增加，这都会给椎间盘带来严重危害。

**正确做法**

呼吸应从呼气开始。肺内总有残气，因此无须担心无气体可呼出。不必刻意吸气，因为这属于人体的条件反射，也是膈肌的职责所在。如果你故意长时间不吸气，就能感受到膈肌在收缩，迫使你张嘴吸气。在水下憋气时这种感觉更为明显，且很难抗衡，人体很快就会达到憋气极限。此外，当你在跑步过程中上气不接下气时，可以利用腹肌向上推动膈肌，使呼气更加顺畅。

> 我们通常对呼气时的肋骨下移存在误解。这并不是指胸骨下沉，肋骨朝着骨盆方向整体下移，而是肋骨在脊柱上附着点处的转动，也称"桶柄式运动"。每块肋骨通过关节与两块椎骨连接，当肋骨下移时，会带动关节上方的椎骨一起移动，使脊柱挺直，头部抬高。因此，在面临困境或受压迫时，下移肋骨并不意味着胸部回缩，放弃抵抗。对于动物而言，这恰恰是勇猛咆哮、正面迎敌的姿态！

**正确的呼吸方式**

呼气就是将进入体内的空气排出体外。呼气时，人体会对抗重力，向上推动膈肌，带动内脏上移，使头颅昂起。

为此我们需要有效利用那些"好"的腹肌，如腹横肌。腹横肌可以从最下部推动内脏上移。如果我们处于伸展姿势，在盆底的辅助下，内脏的上移会更加顺利。

常见的错误呼吸方式还包括控制呼气的速度。例如，我们有时会紧闭双唇使呼气变慢，这样会导致腹压过大、腹部收紧。因此，应保持空气在口腔内顺畅流动，就像唱歌或向水中吹气一样，再用鼻或嘴吸入空气。

锻炼身体时，我们经常忽略身体是一个整体，而仅强化腹肌或只锻炼身体"正面"的肌肉。

## 伸展

如果脊柱伸展的姿势不正确，我们就很难进行腹式呼吸。无论是弯腰还是挺胸，无论是前屈、后伸、侧屈还是回旋状态，只要脊柱中有两个椎体相互靠近，脊柱就无法处于伸直状态，人体便无法正确、自然地呼吸。但如果此时脊柱得到有效伸展，膈肌就能正常发挥"活塞"作用。

非伸展状态下的脊柱，无论是前屈还是后伸（即使是侧屈），腹部都会向外凸出，且无法恢复。

如果肩膀靠近骨盆,不仅脊柱难以伸展,腹部受压也会增加,此时腹部很难回缩。

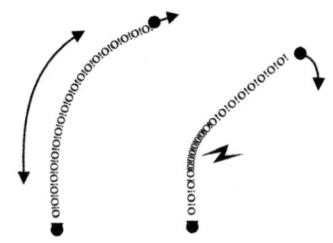

**正确的伸展方式**

伸展的前提是脊柱的两端应尽可能地分开,使两个椎体间的距离尽可能变大。

伸展分为以下两种情况。

◆ 有固定点,如头部或骨盆着地。此时只需要将脊柱的另一端从固定点移开,即完成伸展。

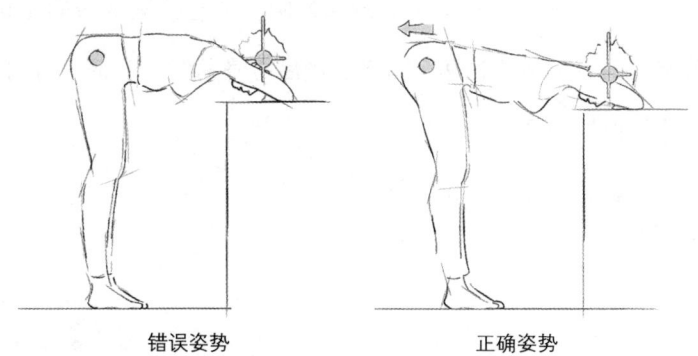

错误姿势　　　　　　正确姿势

◆ 无固定点，如四肢着地姿势，只需将头部尽可能地远离骨盆。

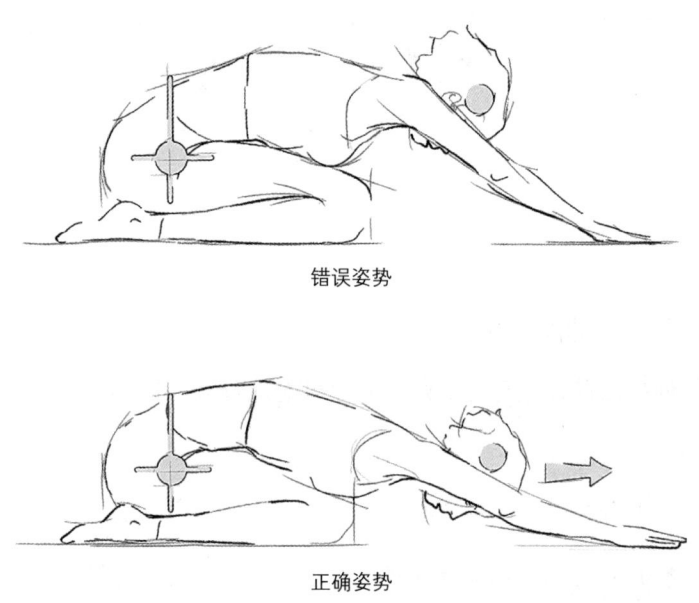

错误姿势

正确姿势

如果把脊柱比作自行车的链条，两端会有拉紧链条的齿轮，骨盆和头部就相当于这两个齿轮。当后拉骨盆时，头部只有向前推，才能保持伸展。

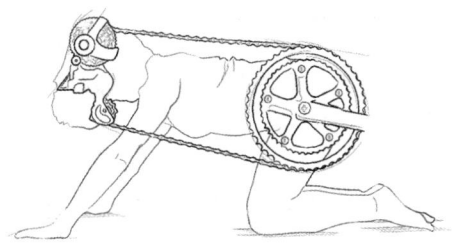

因此,训练过程中应时刻保持伸展,并保持正常呼气,使腹部顺利回缩,推动内脏上移。

> 那些头部靠近骨盆、腿部靠近胸部的伸展姿势,都是错误的。

**错误动作的危害**

在头部靠近骨盆的过程中,会同时产生向前和向下的推力,经常强化这种推力会导致以下问题。

◆ 腹部膨出而非回缩,无法拥有平坦的小腹和优美的曲线;

◆ 内脏下移,可能导致内脏脱垂、大小便失禁、盆底肌松弛;

◆ 患腹疝和腹股沟疝的风险增加;

◆ 椎间盘受到压迫,可能导致椎间盘突出、腰痛、坐骨神经痛等。

**判断训练动作及伸展方向是否正确**

只需一个简单的手势即可——训练时将一只手放于腹部之上。

如果手能感受到推力,则腹部处于向外凸出状态,腹直肌收缩,此时头部和骨盆正在相互靠近,腹部处于非伸展状态。

如果感觉腹部变硬,向内收缩且较为平坦,则腹部处于伸展状态。

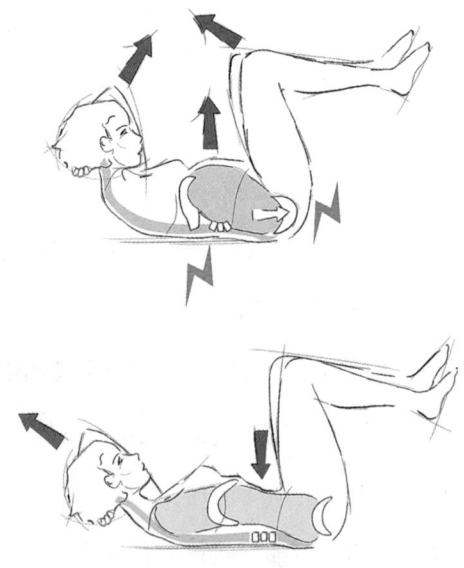

## 腹肌及腹肌功能

### 实例描述

腹肌好比旧时欧洲女性的束身衣物。那时她们会先穿上打底的紧身褡，使内脏上移；再穿上束身胸衣，达到勒紧腰部、托高胸部、挺直背部的效果，打造优美的身体曲线；最后，为了装饰，还会套上背带。

但这种穿衣方式存在诸多问题。

◆ 缩短肩带并不能达到收腰的效果；

◆ 如果先穿束身胸衣，就无法再穿戴紧身褡，而这会使下腹部下垂；

◆ 如果调短背带，会导致背部无法挺直，身体不能伸展，也就无法再收紧束身胸衣。

大家都知道，当我们想穿上一条腰部特别紧的牛仔裤或裙子时，会尽量伸展腹部（肩部尽量远离骨盆），使腹部尽量变平坦，这样才可能穿进去。

## 解剖学描述

腹肌共分为三层。肌纤维的走向不同，每层肌肉的功能也不同。它们既可以独立工作，又可以协同工作。

### 腹肌的第一层——腹横肌

腹横肌就像紧身褡一样，有助于维持腹部稳定。大多数人认为它是腹壁最深层的肌肉，但这种观点不完全准确。腹横肌从背部向前包裹着脊柱腰段，与腹部等高，面积较大。

当腹横肌延伸至前腹中央时，性质会发生变化——以筋膜（而非肌肉）的形式呈现。筋膜是一种非弹性结构，就像包膜或表皮一样。筋膜使斜肌可以附着于腹横肌。实际上，腹部所有的肌肉都以筋膜相连。

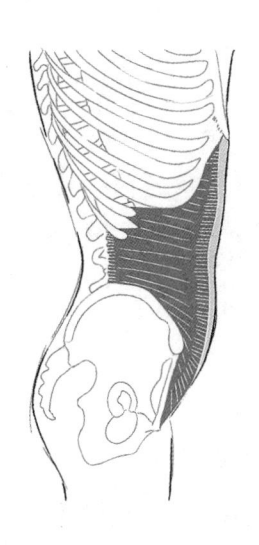

**腹肌的第二层——腹斜肌**

腹斜肌则相当于前文中的束身胸衣。它的肌纤维不呈横向或纵向分布，而是斜行分布。腹斜肌介于腹横肌与腹直肌之间，分为大小两部分。较小的部分（腹内斜肌）起于髂骨，止于肋骨与前腹中部，连接筋膜，呈扇状分布。较大的部分（腹外斜肌）起于肋骨，止于筋膜与髂骨。

人们经常误认为在腹内、外斜肌之间存在交叉状肌束。事实上，这里不存在肌束。

腹横肌

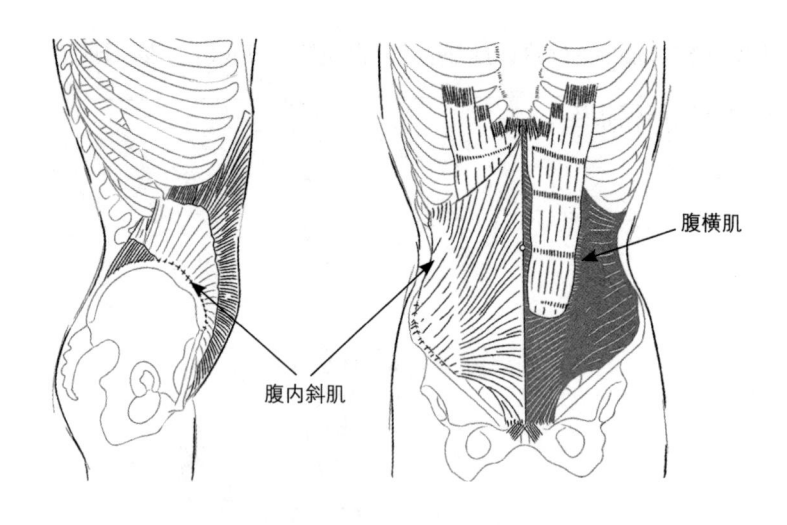

腹内斜肌

## 腹肌的第三层——腹直肌

腹直肌位于前腹的最表层，其肌纤维呈纵向分布，向上起于胸骨及季肋部，向下止于耻骨。腹直肌相当于前文中的那两条背带，在皮下可呈块状分布，即常见的巧克力排状腹肌。腹直肌或者腹直肌的前部负责平衡后腹部。如果没有腹直肌，裤腰就会降至耻骨以下，或者升至胸部以上。

我们可以把腹直肌看作一条"拉链"，收缩时拉链打开，伸展时拉链合拢。

腹直肌 腹直肌

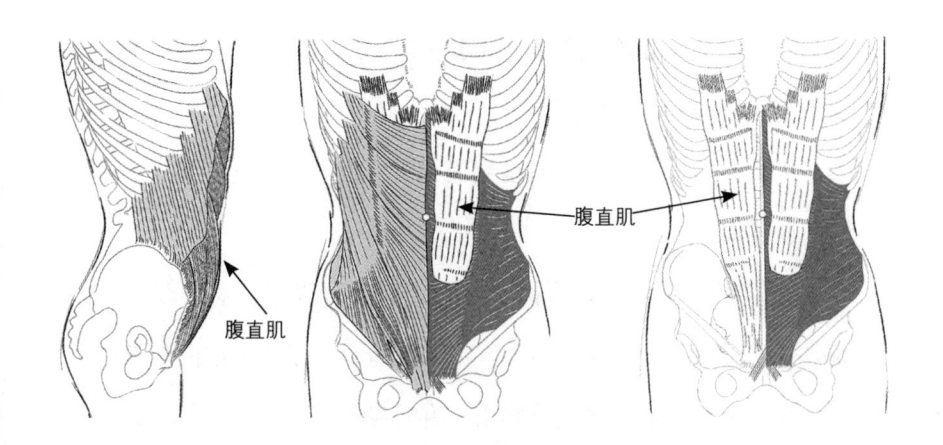

## 功能剖析

腹肌位于脊柱和肚脐之间，对维持身体运动、保持身体灵活性和稳定性发挥着重要作用。腹肌的构造十分复杂，肌肉层之间的关系也并非一成不变的，是互补还是对立，取决于人体所处的动作姿势。

为了更好地发挥腹肌的作用，我们应先对其进行了解。

### 腹横肌

腹横肌是一种特殊而神奇的肌肉。

腹横肌共分为上下两部分。上半部位于腹肌的内层，通过筋膜与腹直肌后部相连。下半部（肚脐以下的部分）位于腹肌的表层，与腹直肌的前部连接。

因此，腹横肌与腹直肌呈交织关系，腹直肌通过筋膜从下方穿入腹横肌。

通常用手能触摸到腹横肌与腹直肌的分界线。对于孕妇来说，这条分界线甚至肉眼可见。如下图所示，耻骨附近的腹部相对平坦，再向上便明显向外膨出。有时我们甚至能在肚皮上看到一条清晰的分界线。

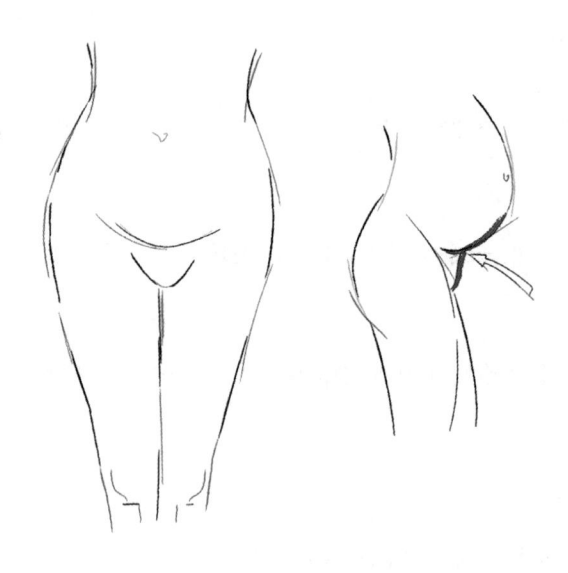

现实生活中，孕妇习惯将手置于平坦处，仿佛是为了支撑腹

中的胎儿。这部分肌肉较为牢固，弹性较小，且不会向外膨出。

在非怀孕状态下，子宫和膀胱受上方内脏的压迫，会向下和向外移动。

腹横肌是一种骨骼肌，但它的运动方式与平滑肌相同，像心脏一样受神经系统支配，会本能地将需要排出的物质"向上或下推出体外"。

人为地收缩腹横肌并不会导致腹部明显回缩。

而在打喷嚏、呕吐或用力分娩时，腹横肌会出现反射性收缩，这与人的意志无关。反射性收缩力无比巨大和剧烈，人为无法控制。因此，对于孕妇来说，打喷嚏可能像抽筋一样痛苦。

腹横肌的运动不受其他行为影响，只依赖自身收缩。腹横肌不与骨骼连接，而腹直肌和腹斜肌连接着肋骨和骨盆。

因此，日常起居和运动训练无法强化腹横肌，但腹部膨出能带动腹横肌外凸。

唯一可以使腹横肌收缩的方式是通过呼气使它自动收紧。

有些训练有助于强化腹横肌，特别是腹横肌的下半部分。

此区域位于身体下部，如果常年不运动，又经历过大量拉伸（如怀孕，压力会进一步增大），腹部就会逐渐向外膨出。对60岁左右死亡的已育妇女进行解剖发现，其腹横肌已经纤维化，即因过度膨胀肌肉表面出现了瘢痕组织。在这种情况下，腹部已无回缩的可能。

### 腹斜肌

不论是所处的位置，还是肌纤维的方向，腹斜肌都介于腹横肌与腹直肌之间。在不同的运动中，腹斜肌发挥作用的方式不同。

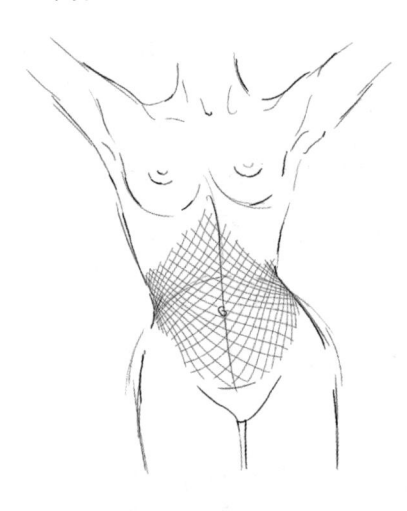

以下述动作为例，转动肩部，使之与骨盆呈90度，或转动骨盆，使之与肩部呈90度。

如果肩部是固定的，骨盆转动便由腹内斜肌主导，另一侧的腹外斜肌只起辅助作用。

如果骨盆是固定的，肩部转动则由腹外斜肌主导，另一侧的腹内斜肌只起辅助作用。

转动时，正确的呼吸方式可以使腹部伸展，形成沙漏型，从而塑造腰部曲线。

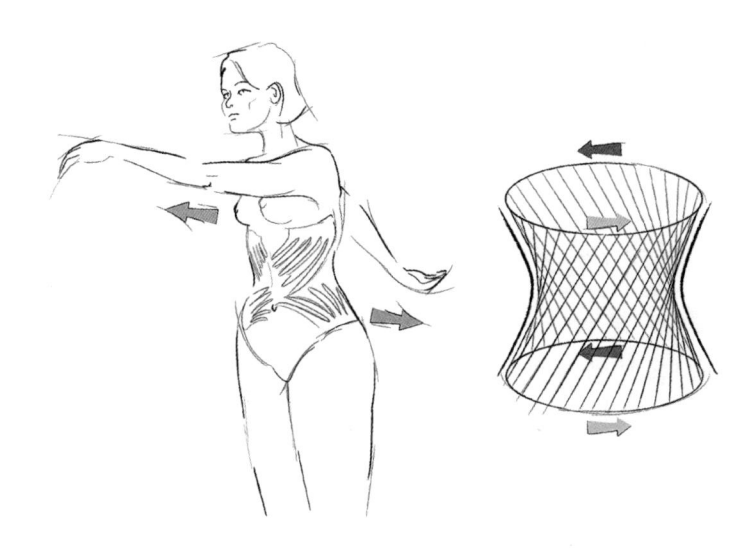

"新月"式侧弯能使肋部得到伸展。一侧的腹外斜肌和腹内斜肌同时收缩,另一侧的腹斜肌伸展,如右图所示。

下页图中的平移动作是指使肩部或骨盆在水平线上相对横向移动。这一动作中起主导作用的是某组腹外斜肌(主导肩膀的平移)或腹内斜肌(主导骨盆的平移),其他肌肉则保持身体的整体稳定。

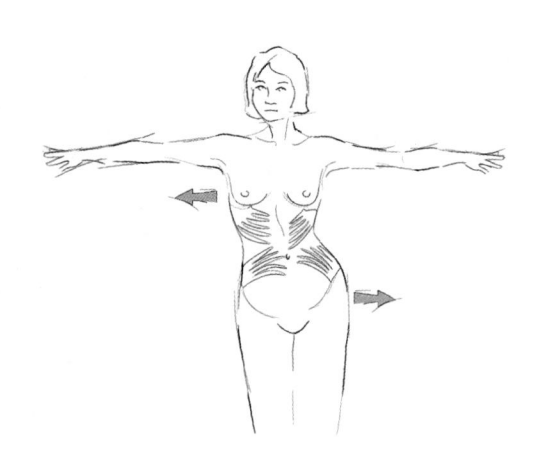

此类动作需要注意以下两点。

◆ 在拉伸过程中，应尽量增加肩部与骨盆的距离，避免给腹部造成过大压力。不要向下施力，以免增加椎间盘的受力（如下图所示）。

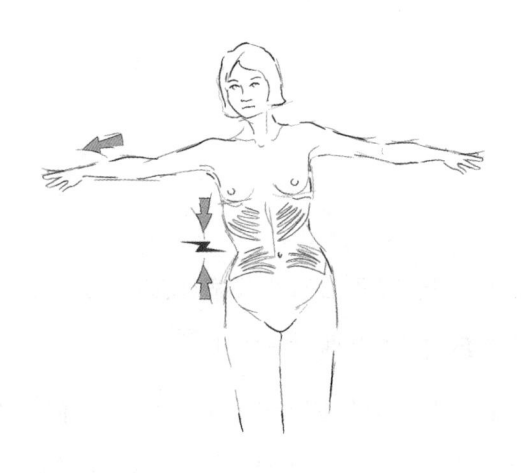

◆ 若肩部与骨盆相互靠近，就会导致上述后果。

腹斜肌在非运动状态下也在发挥作用。若同时收缩腹斜肌的肌束，且保持胸部不动，腹斜肌就会发挥呼吸肌的作用，最大程度地收紧腹部，推挤季肋部，将膈肌向上推。

### 腹直肌

因其特殊的位置及肌纤维的方向，腹直肌收缩会导致肩部朝骨盆方向移动（如仰卧起坐运动），或骨盆朝肩部方向移动，甚至两者兼具，那会更糟糕。

腹直肌的收缩阻碍了膈肌的移动，使背部弯曲、腹部膨出，从而使内脏下移、盆底拉伸。

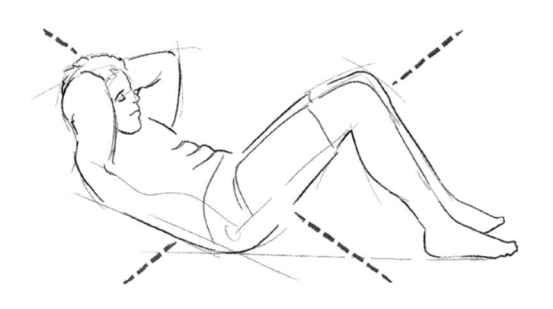

目前还没有研究证明腹直肌收缩对肌肉、关节、内脏或外观有利。因此，我们应避免收缩腹直肌。

那么，腹直肌可以发挥什么作用呢？事实上，腹直肌作为"背带"，发挥着平衡背部肌肉的作用。若将脊柱比作船的桅杆，腹直肌和背部长肌就相当于支撑桅杆的固定索。如果其中一根固定索收得过紧，就会导致桅杆偏斜。

**谨防腹直肌收缩带来危害**

日常生活中，由于腹直肌位于人体的重心线上，不可避免地会呈现收缩的趋势。

在坐姿状态下，所有需要使用双手的动作都可能导致驼背，即背部拱起、腰部向前弯曲。

对于人体来说，调动背肌对抗重力，一直保持挺胸收腹姿势是非常困难的。在穿鞋时，我们通常倾向于使足部向上靠近双手，同时低头弯腰把鞋穿上。很少通过抬高大腿至腹部、弯曲腹股沟区域、挺直腰背的姿势完成这一动作。

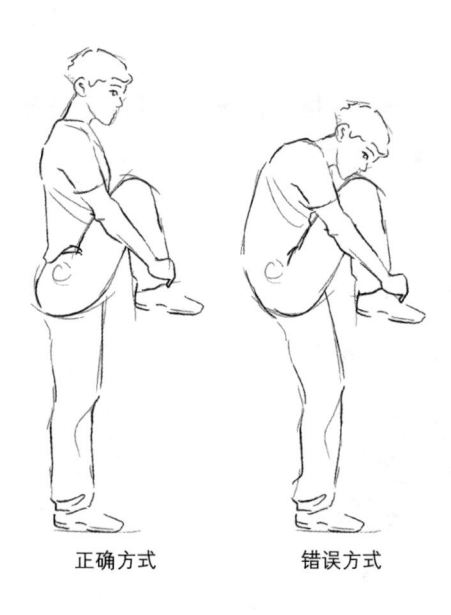

正确方式　　　　错误方式

某一天当你感到坐骨神经痛或腰痛时，就会明白这两种穿鞋方式的天壤之别！

向前弯腰捡东西也是如此。人们会本能地弯腰，而不是蹲下挺直腰板去捡东西，但后者才是避免腰痛、符合人体运动生物力学的姿势。这需要足够有力的腹肌以实现正确的姿势，为此我们应加强力量训练。

在身体直立的状态下，人们一般通过胸腔和膈肌运动向外和向下轻缓推动腹部进行呼吸。

在上述情况下，腹直肌的反射收缩会带来危害，且不受人的意志控制。

不过也存在另一种情况，即腹直肌应该自然收缩时却没有收缩。

**腹直肌应该何时收缩**

当背肌收缩、长度变短时，腹直肌应该收缩，以免脊柱向后倾斜。

例如，在腰部向外膨出或脊背后倾时，应该收缩腹直肌。但一般情况下，腹直肌不会自行收缩，而是处于自由伸展状态，因此会出现腹肌过长或过短、大小不一的情况。

由于腰部连接点的受力变化，背部会反复凸起或凹陷，引发腰背部劳损。这些动作总是向前或向后挤压同一个（或几个）椎间盘。骨盆倾斜也是腹直肌收缩变短导致的。

### 腹直肌如何正确收缩

为了在转动、伸展或屈曲动作中保持脊柱长度不变，也为了使脊柱更加牢固（如做俯卧撑时），需要通过腹直肌的等长收缩来支撑脊柱。在等长收缩过程中，肌肉的长度不会发生变化，此时的腹直肌不能被拉长也不能被缩短。

在保持脊柱的稳定性方面,背肌也发挥着同样的作用,特别是在训练腹肌的头部倒立式或蜡烛式瑜伽动作中。

## 对立与协同作用

腹部的三层肌肉就像家庭中的三个成员,只有在特殊情况下,才会协同发挥作用。而一般情况下,它们总是以二对一的形式出现。由于腹直肌和腹横肌(下半部)一般是拮抗肌,所以腹斜肌要么与腹直肌协同,要么与腹横肌协同发挥作用。

### 腹直肌与腹横肌的对立

由于上文所述的腹肌构造,腹直肌和腹横肌在表面肌肉层上处于对立关系。

肌肉收缩时,如果长度变短,则体积增大。腹直肌从筋膜之下插入下腹部。当腹直肌伸展时,会向后推挤肌筋膜,在此压力下,下腹部将膨出。

在腹直肌收缩的情况下,腹横肌无法再收缩。后文将结合练习说明此原理。

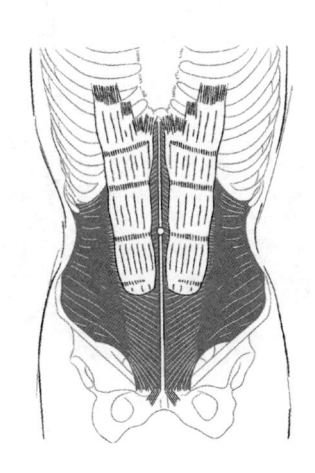

**处于对立阵营中的腹斜肌**

腹斜肌依赖于腹直肌的张力，即脊柱的拉伸。

如果腹斜肌随着腹直肌的收缩而缩短，则有助于腹横肌的放松。

如果腹斜肌随着腹直肌的伸展（脊柱的伸展）而缩短，就会参与腹横肌的增大与强化等。

若腹直肌和腹斜肌一同对抗腹横肌，肋骨则会受到更大的下行压力。

例如，咳嗽会导致腹部收缩、季肋部下移，对盆底造成巨大压力。如果盆底肌松弛，还可能出现漏尿现象。

在这种情况下，腹横肌与盆底无法发挥作用。

只有在腹直肌不再收缩、脊柱处于拉伸状态、内脏与膈肌向上移动、人体呼气恢复如初的情况下，腹斜肌才能继续与腹直肌协同工作。

## 盆底的角色

常有人说，若盆底肌不够结实，不应该锻炼腹肌，否则会使盆底变得更脆弱，造成内脏脱垂。

这是片面理解导致的认知误区。我们的确应避免向下施力导致的腹压过高和盆底压迫，但这并不意味着要使腹肌特别是腹直肌变得松弛，从而失去支撑作用（站立时不能缓解盆底肌的压力）。

**恶性压力与良性压力**

*恶性压力*

若未事先收缩耻骨直肠肌，腹肌收缩时，人体就会像下图的牙膏管一样。

**牙膏管**

对于盆底来说，呼吸的作用至关重要。左图为减压状态、右图为加压状态。

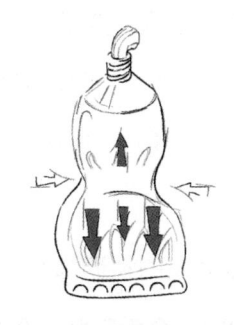

中部的压力可以发挥两方面的作用。一方面向上挤出牙膏，另一方面向下挤压牙膏管底部。人体在呕吐、打喷嚏、排便、自然分娩时会受到类似的作用力。腹横肌和腹斜肌的剧烈收缩使"牙膏"向四面八方涌出。如果你有过上吐下泻的肠胃炎经历，对这一点的理解会更加深刻。同时，许多女性在分娩时常伴有呕吐症状。

在这种情况下，盆底非常松弛，被动上提，不再支撑内脏的重量，因为内脏由膈肌带动一同上移。当我们需要将某物排出体外时，可以使用上述方法，不过可能面临大小便失禁的风险（因为人呕吐时无法同时收缩盆底）。需要明确的是，这种方式不适用于日常训练与腹肌强化训练。

*良性压力*

在牙膏快用完时，可以自下而上卷动牙膏管，用力挤出剩余的牙膏。这相当于人体先收缩耻骨直肠肌（例如忍住排气或排尿），再收紧腹部呼气，将内脏和膈肌上推。这种做法不会产生任何下行压力，盆底将与腹肌协同工作。

## 盆底与腹横肌的协同作用

盆底肌的收缩会引起耻骨联合部位以上的腹部回缩（可以将

手放在腹部进行体验）。

肌电图（肌肉活动的记录）与超声波显示，耻骨直肠肌的收缩会增加腹横肌的收缩程度，此效果将持续至自主呼气结束。

因此，我们可以调动盆底肌进行腹肌训练，盆底肌与腹肌是可以协同运动的。

## 腹横肌的正确锻炼方式

### 腹横肌的强化锻炼原则

在腹肌强化锻炼中，要记住以下原则：腹横肌优先，不要让腹横肌缺席。正如前文所述，腹横肌在日常生活中很少得到锻炼，很难得到强化。

无论人体是处于静态还是动态，无论是在塑造曲线还是保护盆底的过程中，腹横肌都发挥着重要作用。因此，我们必须锻炼腹横肌，使其发挥稳定的支持作用，而不是局限于本能地收缩。

需要注意的是，在所有腹肌中，只有腹横肌的收缩能减小下腹部的压力，因此腹横肌工作时应始终保持收缩状态。

## 为什么要强化锻炼腹横肌？

为何要强化锻炼表层的腹横肌，从而保护下腹部呢？因为下腹部是整个腹部较为薄弱的区域，它位于躯干的底部，支撑着子宫、膀胱和下消化道，与盆底一起保持内脏的稳定。

仔细观察会发现，此区域肌肉与肌腱和筋膜的分布错综复杂，就像一个复杂的十字路口。腹直肌的肌腱（使肌肉附着在骨上的坚固的纤维带）附着在耻骨上，并不断向外交叉扩张。

此区域还分布着腹斜肌的肌腱。

腹部锥状肌的肌束较短，只能发挥固定作用，无法发挥调动作用。锥状肌起于腹直肌的内缘，止于相对应的耻骨。肌纤维相互交叉，避免腹直肌在下腹部分离。

事实上，强化锻炼腹横肌可避免腹直肌在下腹部分离。腹直肌一旦分离，就很难恢复，因为腹直肌位于腹部的最表层，下方无任何支撑物。

如果腹横肌处于松弛状态，容易导致小肠堆积在耻骨联合部位，使人感觉腹胀。

此外，腹横肌的松弛还会加剧内脏的下移。

习武之人认为,力量源自下腹部(丹田)。

如果下腹部足够结实,就能为脊柱提供有力的支撑,使人体站立得更稳。呼气时能加强对腹部的控制,最大程度地保持腹部稳定并减小冲击力。

澳大利亚最新研究表明,腹横肌收缩会引起多裂肌收缩。多裂肌位于人体背部的椎骨棘突之间,是保持脊柱稳定的非运动肌。

## 运动原则

至此可总结出一套日常生活及运动的相关原则。

◆ 应始终使脊柱保持伸展状态,尽量使尾骨远离头骨;

◆ 呼吸训练应从呼气开始,呼气时应从下向上运气;

◆ 呼气应从盆底上移开始,呼吸过程中尽量保持这一动作;

◆ 收缩腹肌时,应按照"腹横肌-腹斜肌-腹直肌"的顺序依次收缩,推动内脏上移;

◆ 在日常生活及运动中,切勿增加腹压,防止肋骨与膈肌下移;

◆ 切勿收缩腹直肌，弯腰时应避免过度拉伸腹直肌；

◆ 尽量使腹直肌进行等长收缩，即保持长度不变，以维持脊柱的伸展状态。

由于呼吸运动与下腹部息息相关，因此我们可以通过观察呼吸来判断是否遵循了上述原则。例如，将手置于腹部，腹肌收缩时，感受手与腹部是否一起回缩。

# |第二章| 坐直,别趴下!

在重力影响下,许多日常行为都可能对腹肌和背部造成损伤

在重力影响下，许多日常行为都可能对腹肌和背部造成损伤。

久坐在办公桌前会让人变得懒散，使腹肌与背肌变得松弛，这可能是因为：

◆ 座椅过高；

◆ 椅背向后倾斜；

◆ 座椅的坐面过深（如沙发）。

因此，我们会不由自主地向后倾斜，臀部向座椅前部滑动，腰背弯曲，导致血液循环变慢，下肢血液流通不畅。身体只能依靠胸腔而非下腹部进行呼吸，无法促进肠道蠕动。处于这种姿势时，肌肉无须对抗重力，极易变得松弛。

> 在有些国家，人们习惯于坐在地板或无靠背的矮座上，或者仍然沿袭着头顶重物的做法，这样肌肉不容易松弛。为了保持坐姿，完成起身、弯腰和下蹲的动作，他们的腹肌和背肌必须用力，并且需要腿部肌肉结实。而缺乏上述行为习惯的人，即使是年轻人或运动健将，也未必能轻松地保持盘腿坐姿、下蹲时双脚平放、起身时背部挺直。

## 坐姿

### 调整座椅高度

如果你的身高没有远超平均水平，那么对你来说，普通座椅可能是偏高的，所以在保持坐姿时，你的膝盖总是低于髋部，于是会不自觉地挺胸或驼背，使脊柱无法伸直。腹部反复凸出与凹陷，导致腰椎间盘在椎间隙时而被挤压到前面，时而被挤压到后面。

驼背　　　　　　挺胸　　　　　正确姿势

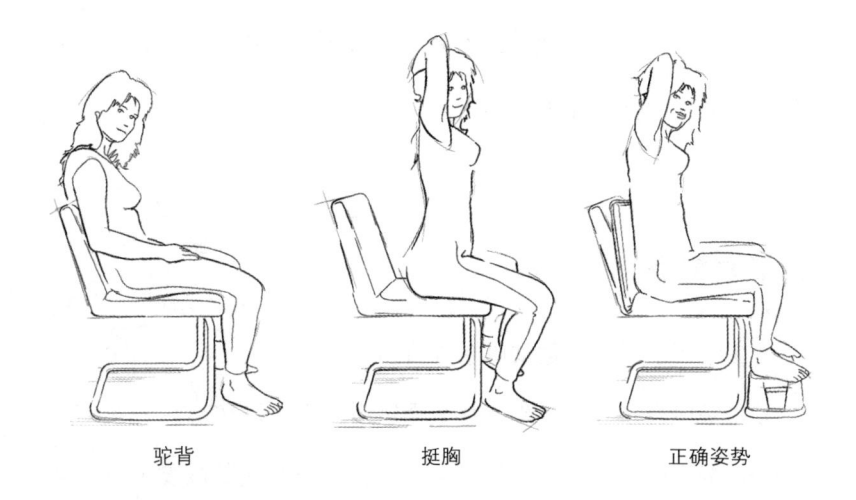

## 沙发

窝在沙发里看电视也会给身体带来危害。沙发越软，坐面越深，就越糟糕，除非平躺在上面。我的建议是，坐在沙发前的地板上，背靠沙发，双脚采用"青蛙"姿势（脚底对脚底）。将肘部放在沙发上，以促进腹部回缩。在双膝下放置高度适当的垫子，使大腿足够放松。

这种坐姿是相当舒服的，可以感受到背部的伸展、肩膀的放松，并且呼吸畅通，胃部消化功能也能得到增强。

为避免腿部长时间处于同一姿势，可以将上述坐姿变换为盘腿坐姿。还可以借助靠枕支撑背部或手臂。

对于处于哺乳期或行动不便（如需要坐轮椅）的人来说，了解这些坐姿的优劣尤为重要。

## 增肌与瘦身

在座椅上也可以运动腹肌和背肌。

如果你必须长期久坐，那么请定时做以下动作。

◆ 臀部向后坐，紧靠椅背，使膝盖尽量与髋部高度平齐，必要时可将足部垫高；

◆ 将坐骨（与椅面接触的那对尖骨）紧压在座椅上，同时呼气，尽量上伸头部，伸直脖子。

此步骤中的两个动作必须同时完成。如果只是将坐骨紧压在座位上，会不自觉地弯腰驼背；如果只是上伸头部，会不自觉地挺胸。

成功完成以上动作，你将感受到以下变化。

◆ 脊柱就像一根坚固的"铁棒"；

◆ 下腹部（表层腹横肌）收紧且变得坚硬，呼气时腹肌逐渐增强，曲线凸显；

◆ 腹部开始参与呼吸，呼吸加深，内脏被向上推；

◆ 背部有发热感。

这套动作可使人体实现"自我强化",促进脊柱的血液循环,并能有效对抗腰椎凹陷与骨质疏松。

这不禁使人联想到埃及人的坐姿,很多身体部位的角度(如脊柱－大腿、大腿－小腿)均呈90度。

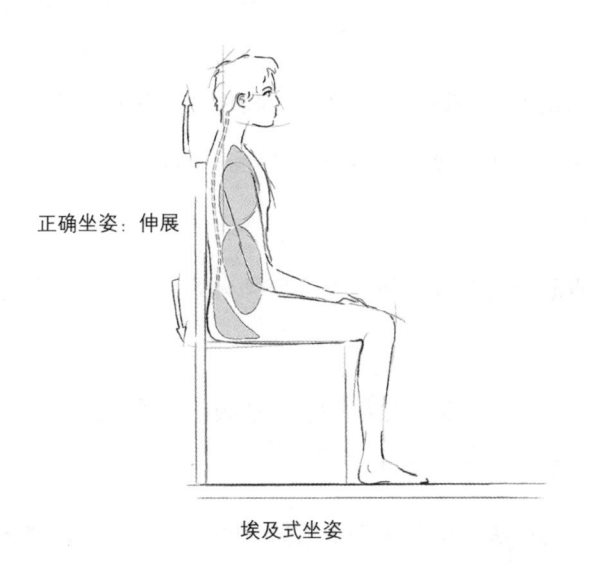

正确坐姿:伸展

埃及式坐姿

## 如厕姿势

如厕的姿势通常为上半身朝前的下蹲式,这种方式可使排便过程更加顺畅。

因为在这种姿势下：

◆ 容易产生排便感，甚至较为迫切；

◆ 直肠壶腹与肛管正中对齐；

◆ 盆底后部放松；

◆ 下腹部拥有天然腹压，可以向后（而不是向下）推动并挤压内脏。

长期错误的姿势可能导致组织损伤及部分运动功能退化，当脚踝与膝盖无法完成下蹲与起身动作时，只能使用坐便器。

坐便器就像座椅一样，坐在其上会使人变得懒散。臀部向前滑动，直肠壶腹与肛管间的角度变到最大，盆底后部闭合，腹部膨出。

此时只能借助推力放松膈肌，使腹部向外凸，但这给盆底与腹肌带来的危害显而易见。

唯一的解决方案是在脚下放置凳子，使膝盖与髋部齐平，保证身体前倾而不驼背，通过呼气使腹部回缩，不以向下或向前推挤的方式施力。

残疾人卫生间的坐便器高度尤其不合理，这会带来更大的危害。合理的高度应保证他们能够抬高膝部并向前弯腰。

## 其他日常活动

**弯腰、起身与站立**

在人体运动生物力学课程中,常常会提到弯腰带来的风险。特别是在手提重物或坐骨神经痛时,更应该避免弯腰。另外人们总是通过仰卧起坐、坐姿卷腹或举重的方式锻炼腹肌,这些方式都是有风险的,应尽量避免采用。

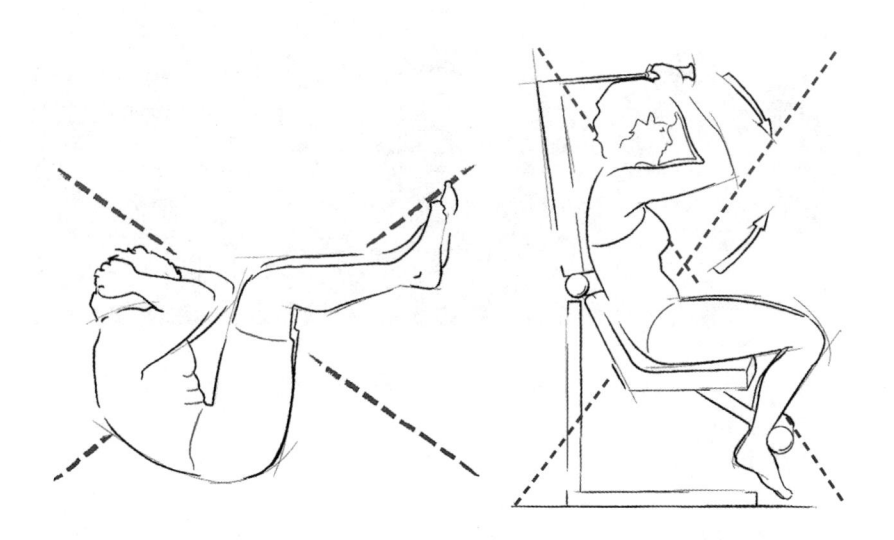

### 避免弯曲背部

弯腰时应避免弯曲或隆起背部，起身时也不应刻意向后挺背。背部应该保持笔直、坚固和收紧，就像"铁板"一样。椎间盘无论是在脊柱弯曲或伸展时，都不应受到压迫。这意味着腹部必须收紧，以保证腹部与背部的协调。

因此，弯腰时应先弯曲髋部，再弯曲膝盖，最后将臀部向后拉。起身时，先将臀部向内收，再挺直背部，慢慢起身。

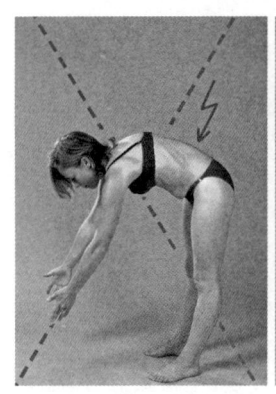

## 从座椅上起身

在用力起身的过程中，身体会失去平衡。一般来说，我们会先挺起腰，给腹部一个向前的推力，再使身体前倾，完成起身的动作。

但如果你患有坐骨神经痛，或者刚刚经历了剖宫产，就会明白这种起身动作是不可取的。

正确的做法是：尽量减小身体重心的起伏，挺直背部向前倾，直至臀部抬起，之后旋转髋部向前推动臀部。在起身过程中，背部应时刻保持挺直。

## 起身动作练习

此动作从跪坐在脚跟上开始，至跪立结束，可同时调动背肌、腹肌、小腿、大腿与臀部的运动。

为了更好地完成动作，开始时可将臀部先向前推，切记不能弯腰，想象自己头上正顶着某物，不能使其掉落。

还要完成大腿上部的打开和伸展动作，该动作被称为"股骨旋外"，它使骨盆在拉伸过程中实现倾斜。观察可知，此时下腹部是紧绷的。我们可以采用腹式呼吸，腹部最下方的带状区域始终保持紧张，这是保持姿势的基本张力，并不属于主动收缩动作，收缩动作会因疲劳感而无法持续。

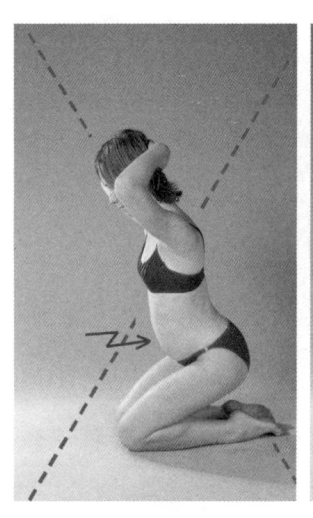

臀肌发挥作用时，会使盆底得到支撑，保持盆底闭合。在此动作中，盆底肌始终保持张力，而不是像收缩动作那样短促并伴随放松。

## 骨盆倾斜

骨盆倾斜是指骨盆的位置发生偏移，分为向前倾斜（骨盆前倾）与向后倾斜（骨盆后倾）。

## 错误做法

"收腹"动作与"弓腰驼背"不能混为一谈，这正是仰卧姿态下"吸气、挺腰、呼气、收腹"一系列动作中常犯的错误。

吸气时，挺腰、腹部膨出，可以明显感受到肩部与骨盆在相互靠近。此时膈肌会被阻隔在下方，不能被提升。呼气时，收腹动作无法完成，腰椎间盘前端被压缩，盆底受到压迫，颈背弯曲。

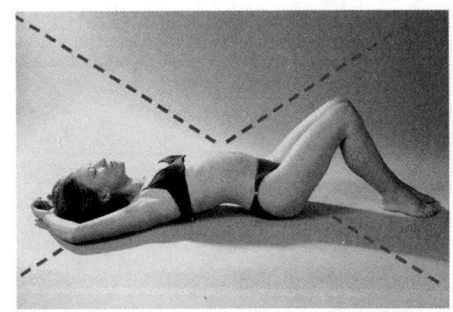

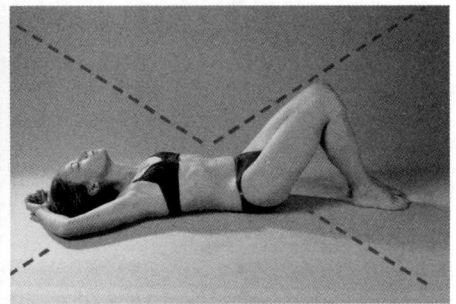

此时，你无法进行腹式呼吸，身体也无法放松。如果腹直肌停止收缩，腹部还会再次膨出。

> 因此，一定要避免此类做法。

## 时刻保持脊柱伸展

在骨盆倾斜状态下，只有拉伸腹直肌，才能实现脊柱的伸展。

包括两种伸展方式：一是使骨盆远离肩部，二是使肩部远离骨盆。

在抬高骨盆的同时，收缩盆底（收缩耻骨直肠肌，类似憋尿状态），使骨盆向前转动，在保持盆底肌紧张的前提下，尽量使骨盆远离肩部。

| | | |
|---|---|---|
| a | → | 使骨盆远离肩部 |
| b | ← | 使肩部远离骨盆 |
| c | ← → | 使骨盆与肩部相互远离 |
| d | ↘ ↙ | 使骨盆与肩部相互靠近 |

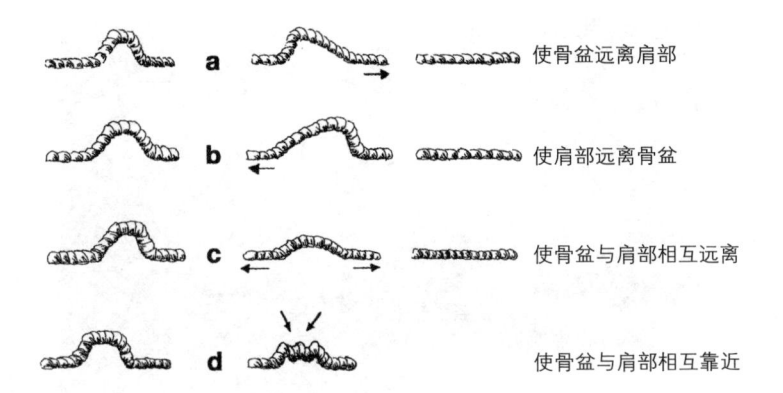

保持伸展时，你会发现：

◆ 背部、腰部，尤其是骶骨均贴于地面；

◆ 腹部平坦，胃部排空并凹陷；

◆ 可以自主进行腹式呼吸，吸入的气体可达耻骨处；

◆ 即使不弯腰驼背，也能感觉放松；

◆ 可以有效地增肌与瘦身。

> 这是一个非常放松的状态，可以缓解背部压力，促进食物消化、血液循环以及内脏归位。

只要处于仰卧状态，就可以保持伸展。

## 站立时保持骨盆倾斜

站立时也会出现同样的问题，重力作用会给背部、腹部和盆底健康带来危害。

收缩腹直肌使骨盆倾斜的做法是错误的，这会使背部弯曲，腹部膨出，导致腹压增大（正如我的瑜伽老师雅克·蒂埃博先生说过的那样，永远别将腰带系得太紧）。

正确的骨盆倾斜动作不但能使身体伸展、腹部回缩，还能使胸部挺立，实现增肌与瘦身的效果。

这个动作与跪姿相似：使身体重心向双脚前部偏移，前移臀部、弯曲膝盖，拉伸腹直肌实现股骨旋外。

这时盆底依旧闭合并发挥着支撑作用，腹横肌的下半部富有张力、不松弛，臀部与腿部肌肉也处于紧张状态，足底明显拱起（可促进血液循环）。

腹式呼吸畅通时，脊柱可挺直并保持张力。吸气时，腹部只会微微隆起，不会向前膨出。

若头部或背部承担重压，反而能使脊柱保持伸展与挺直。若是肩扛重物，肩部和胸部则被下压，腹肌和背肌变得松弛，腹压同时变大，导致盆底承受过大的压力。

研究表明，与欧洲女性相比，尽管美洲印第安女性通常育有更多的子女，生活条件艰苦，日常负担较重，但她们的盆底伸缩性更强（能够更好地伸展和收缩），且很少出现大小便失禁或内脏脱垂现象。原因在于她们总是用宽背带托住背上的重物，再将宽背带顶在头上，这使得她们必须保持颈部伸展、头部抬高、身体前倾（因为重物在身后）的姿势。在静止状态下，她们的脊柱能保持伸展和稳定，胸部、胸骨与膈肌都处于较高的位置，所以内脏不会下移，盆底不会承受太大压力，腹横肌也非常有力。

## 背部动作

健身训练中也有很多常见的错误做法。

为避免背部形态不佳或腹部出现赘肉，许多人都选择健身训练调整体态。原则上这是没有问题的，但训练时常常出现在本书中屡被提及的错误做法。以至于某一天，我们可能真的需要颈托、紧身胸衣（腰托）或支架来支撑椎间盘了。因此，必须使脊柱处于伸展状态，防止其在薄弱处弯曲。

了解训练的基本原则有助于避免错误做法。椎间盘受损的运动员已不在少数，这个问题必须引起人们的重视了！

## 凹背与凸背动作练习

凹背与凸背动作大部分人都做过，此练习旨在调动骨盆，使脊柱更加灵活，并实现"骨盆倾斜"的效果。

事实上，脊柱最容易在身体的两个"链轮"（如下页图所示，分别是颈部与腰部）处弯曲，使肩部向前或向后转动，靠近骨盆。

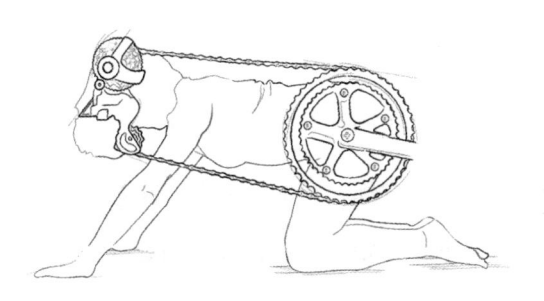

雅克·蒂埃博先生认为，如果将脊柱看作一条在两个链轮间拉伸的链条，那么链条能被拉伸的唯一方式就是使两个轮子朝相反的方向转动。

判断自己是否处于伸展状态的标准包括：能否进行腹式呼吸，腹部能否回缩并放松。

## 正确姿势

为保证练习姿势正确，并达到预期效果，要尽量在椎间盘不受压迫的情况下伸展脊柱，主要包括以下要点。

◆ 保持适当的拉伸距离。以臀部为固定点，最大限度地前伸手臂，同时避免臀部抬高。

◆ 在地面上保持爬行姿势，使身体重心尽量后移，想象自己是一只四足动物。

日常运动中，我们经常不遵守上述两个要点。如果按照传统的做法，即肩膀与手齐平，那么凹背与凸背动作将毫无伸展性可言，凹背动作会使脊柱弯曲，凸背动作则会导致驼背。

◆ 让两个"链轮"（肩部和骨盆）朝相反的方向转动。

对于凸背动作来说，盆底肌收缩会带动骨盆"链轮"转动，就像动物将尾巴收回双腿之间一样。然后肩部朝前，以头部的重量拉伸颈椎。

对于凹背动作来说，骨盆朝反方向转动，肩关节外展，两侧肩胛骨相互靠近。双手平举，使重心始终保持在身体后方，适度抬头以伸展颈部。

这个动作就像动物（特别是猫科动物）伸展身体一样。

除了做凸背与凹背动作练习，处于坐姿时，背部也能得到伸展。

伸展的秘诀在于增加两个"链轮"间的距离，只有充分的伸展才能保持腹式呼吸——腹部不断隆起又回缩。

我们将在后文针对特殊人群（如产妇、老年人、接受手术的患者），更直观地介绍日常生活中错误动作带来的危害。很小的错误（如腹直肌的收缩）也会带来疼痛或排泄障碍。

呼气时，利用腹横肌支撑脊柱，可以轻松地调动并强化脊柱区的肌肉。

## 第三章 | 打造坚实的核心力量

腹横肌是使人稳定站立的基础,是抵抗骨盆压力的堡垒,也是我们拥有坚实背部的保证

ABDOMINAUX: ARRÊTEZ LE MASSACRE!

腹横肌是使人稳定站立的基础，是抵抗骨盆压力的堡垒，也是我们拥有坚实背部的保证。

但腹横肌通常很难主动收缩，必须优先强化，必要时可借助外力。

## 认识并强化腹横肌

人们对腹横肌知之甚少，很少去调动它，因此在进行强化练习前，必须先认识一下腹横肌。

### 拉伸练习：四肢着地（或其他等效动作）

按照前文提到的要点，四肢着地，保持身体伸展，将重心放在身体后部。拉伸颈部，使背部保持平坦或略微凹陷，切勿拱起。

像在水中吐泡泡一样，保持用嘴呼气，使背部时刻保持平坦状态。当你感到呼吸不畅时，张开嘴吸气。此时你会感到膈肌突然下沉，腹部膨胀。即使没有刻意用力，腹部也会自然膨出。而呼气时，你会感到腹部向内回缩，腰腹部开始收紧。

如果背部不能保持平坦状态，那么腹直肌会产生干扰，使腰腹部无法收紧。

四肢着地的等效动作：屈曲双肘，将前臂叠放于某支撑物（如家具）上。将额头枕在前臂上，将臀部向后推，保持背部平坦。只要保证臀部位置落在脚的后方，背部就能保持伸展而不是拱起状态。

前文中已提到，在拉伸状态下调动腹横肌，就能实现腹式呼吸。

## 悬挂式练习：悬挂下蹲

这个动作可以使腹直肌实现最大程度的伸展，同时保持背部伸展。动作过程中，你可以明显感受到气息是从下腹部开始向上的，膈肌逐步向上收缩，呼气结束后不用担心膈肌下落。

如果你周围有坚固的墙，你可以背靠墙蹲下，再找一根足够高的横杆，完成悬挂下蹲动作。如果没有墙，可以让同伴协助完成，或者将一条带子绑在悬杆（可固定在两堵墙之间的健身杆）上。

当你明显感觉到臀部在重力作用下下沉时，只要肩部不下沉，就能感受到呼吸从下腹部自发地开始。如果你刻意延长呼气时间，就能感受到腹横肌的收缩。

在这个动作的基础上进行扭转，能够锻炼腹斜肌。

因为身体处于伸展状态，所以骨盆可以做直线或曲线运动。

此外，这个动作还有助于孕妇分娩时发力，避免对盆底和内脏造成过度的下行压力。

## 对抗阻力式呼吸

感受以及调动腹横肌的另一种有效练习是吹气球。

采用坐姿，试着吹鼓一只气球。你可能只会感觉头部压力变大（因为三个承压区是紧密相连的），却吹不鼓气球。我们往往倾向于抬升胸部吸气，然后用力吹气，向下的推力会使腹部向外膨出，膈肌无法上升，盆底将会遭受巨大的压力，气球也不会鼓起。

正确的方式为：挺直身体，先呼气，再进行腹式吸气，收紧盆底，用力回缩下腹部，从底部向上推动膈肌。

如果你的腹横肌和腹斜肌足够有力，便能吹鼓气球，同时使下腹部回缩，内脏上移。

注意使气球适度膨胀，避免呼气结束时气球爆炸。

在一些特定情况下，例如当气球太软时，你可以膨起腹部将其吹鼓。后文中我们还将提到，对孕妇来说，这有助于推动胎儿娩出，而且不会给子宫和膀胱带来压力。

## 腹横肌强化练习

基于腹横肌的特殊性，进行强化练习时需要注意以下 3 点。

◆ 正确地呼气，有利于对抗阻力；

◆ 伸展脊柱，从而伸展腹直肌；

◆ 阻止股骨旋外，使骨盆后倾，臀部、腹横肌及盆底保持紧张状态。

### 腹横肌 – 臀部 – 盆底练习

采用仰卧姿势，使腹部充分伸展，脚踝交叉，脚趾朝向面部，膝盖放松。尝试将股骨向外转动（仿佛试图阻止脚踝交叉一样），而保持双脚固定不动。

此时，你将感觉到臀部在收缩、骨盆在倾斜。如果将手置于耻骨上方，还能感觉到腹横肌的收缩。

练习时应避免腹部向天花板方向膨出，同时避免膝盖弯曲。

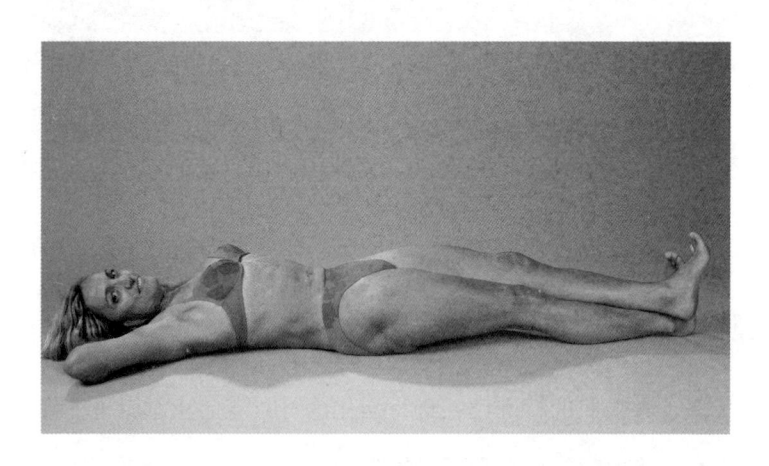

**跪立练习**

跪坐于脚跟之上，随后跪立。腰部不要突出，肚脐不要向前拱起。

你可以想象自己的头上正顶着一个不能掉落的物体。

在呼气的同时使股骨旋外（大腿向外转动），此时大腿肌肉会发挥作用。随后收紧腹部，伸展背部。注意动作过程中不要向后倾斜肩膀。

此练习可使臀部、下腹部、耻骨上方、盆底同时收紧，在背部保持不动的情况下进行腹式呼吸（区别于"吸气、挺腹、呼气、收腹"）。

此练习可稳固下腹部，是所有武术动作的基础。

### 侧卧练习

采用右侧卧位,将头枕在屈曲的右手臂上,伸直右小腿。将位于上方的左腿弯曲,并将左脚掌置于右腿的膝盖前方。随后呼气,同时收缩盆底,将耻骨向前推、膝关节向后推。

进行这项练习时,你将体会到与进行"腹横肌-臀部-盆底练习"时相似的感觉。

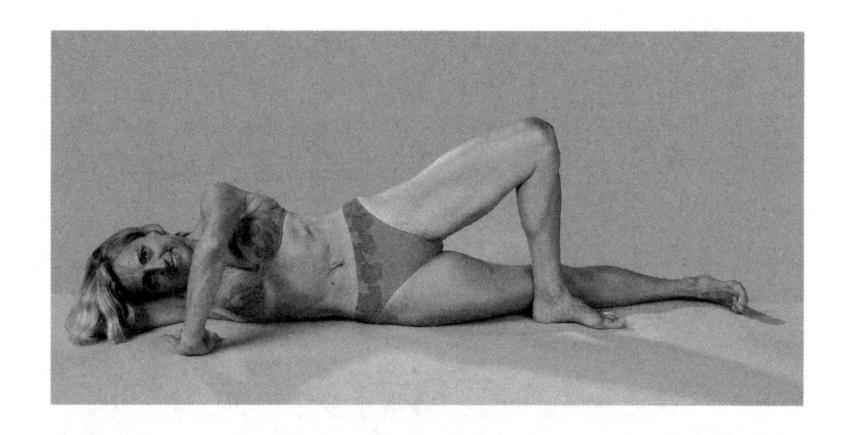

### 腰杆挺直练习

日常生活中,你可以随时进行扩胸练习。

◆ 处于坐姿时,将臀部推至座椅靠背处,头向上抬;

◆ 处于站姿时,想象头顶有重物,双脚用力踩地。

你会注意到,此时下腹部会变得非常紧致,如同进行腹式呼吸时一样。

坐在地上，一条腿屈曲，同侧的脚尽量靠近臀部；另一条腿伸直，脚踝弯曲，脚趾朝向面部。然后伸展脊柱，屈曲肘部，放低肩膀，将臀部用力压向地面，同时用力使头部上抬。在练习过程中，腹股沟也处于弯曲状态。

**后推式伸展练习**

这是一项非常简单的练习。

采用侧卧姿势，一条腿伸直，屈曲另一条腿，抬起膝盖，向腹部靠近，使脊柱与股骨间的角度小于 90 度。将头枕在下方屈曲的手臂上，另一只手臂伸直，保持与身体平行，撑在墙壁或床头上。用伸直的手臂不断将支撑物向后推，并尽可能延长呼气时间。

## 假性胸腔吸气

在所有腹斜肌练习、适度等长收缩的腹直肌练习及支撑练习（如单杠、俯卧撑等）中，我们都能感受到腹横肌的存在。

假性胸腔吸气也能拉伸腹直肌，使腹横肌自主伸展并得到强化。我们将在后文详细阐述这一点，因为腹横肌的收缩方式与传统方式不同。

如果身体处于驼背状态，腹直肌收缩得极短，胸骨和肋骨下移，腹横肌的收缩会更加明显。只要稍微拉伸腹横肌，就会引发它的本能收缩。

如果腹直肌处于伸展状态时拉伸身体，腹横肌的反应就不会那么明显。比利时运动疗法师卡琳·威尔玛特和西尔维·苏迪安库特在《腹直肌与腹横肌的关系》一文中指出，在众多的练习动作中，最好选择始于股骨部位的动作。

## 腹横肌与腹直肌的对抗

### 感知与觉察

采用仰卧姿势，屈曲双膝，将双脚平放于地面。抬起头，此时你会感到腹部向外膨出，同时盆底能感受到推力，这代表腹直肌正处于收缩状态，可将一只手置于腹部去感受。

这个简单的动作在日常生活中很常见，它会对腹部产生向前和向下的推力。

若将双脚抬离地面，即使只有几厘米，下腹部也会受到较强的推力。若背部拱起的幅度变大，则脊柱会在腹直肌与腰肌带动下向前凸。如果双腿在抬高过程中保持伸直，在杠杆作用下腹部承受的推力会更明显。

如果在双脚抬离地面的同时将头抬起，情况会更糟，这会大幅缩短头部与膝盖的距离，使腹直肌缩到最短，腹压达到最大。胸骨下移将膈肌困在底部，导致呼气动作无法在下腹部进行。

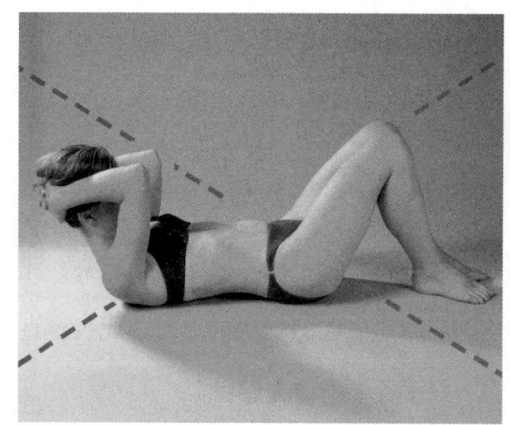

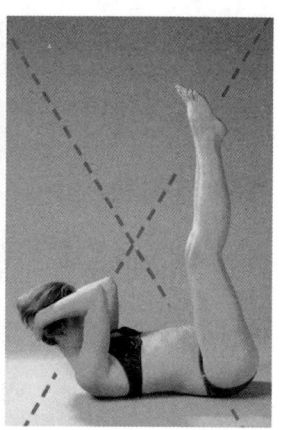

**肌肉的关联**

保持同样的初始动作，通过伸展动作可以改变骨盆的位置。收缩盆底（耻骨直肠肌），想象自己正在憋尿或憋气。

完成卷牙膏管的动作，向上推动内脏，呼气。

此时，你的腹部会回缩、腹斜肌收紧。

但要注意，在胸骨降低时要立即停止呼气，否则两侧肋骨相互靠近，会对腹部产生压力。

腹横肌与腹斜肌在呼吸过程中发挥的作用前文已提及，简单来说就是带动内脏上移、塑造身体曲线。

很少有人重视腹横肌和腹斜肌的锻炼，在健身房也很少有人做这方面的练习。

回到初始动作，我们换个方式抬头。试着从骨盆开始抬起，呼气时控制好腹横肌，使抬头时下腹部紧缩而不膨出。

然而当你挺起胸膛，试图做动作时可能发现，你无法始终保持下腹部紧缩，这是因为腹直肌位于腹横肌筋膜下方，腹直肌收缩会拉动腹横肌筋膜。

更糟糕的是，如果你在动作一开始就抬起头和肩，使腹直肌一直处于收缩状态，之后你就无法再收缩腹横肌。

## 正确的练习方式

为了更好地利用腹直肌，必须按照以下顺序进行练习：

◆ 通过拉伸使骨盆倾斜；

◆ 收缩盆底；

◆ 呼气时收缩腹横肌下部；

◆ 强化腹直肌时，不要伸展腹横肌，以保护下腹部。

抬腿动作对下腹部的影响较大且不易控制。因此，抬腿时应按照相同的顺序：呼气时将一侧膝盖推至胸部，再次呼气时将另一侧膝盖推至胸部，并将手置于腹部以便控制。

**通过另一种方式抬头**

将枕骨（头骨后部的隆起）枕于双手之上。通常来说，如果用手将头托起，腹部就会向外膨出。

但如果内收下巴，使头部对双手施加反推力（头部下压手部，好像要回到地面上，而手部抵抗），则腹部会回缩，肋骨会张开。

实际上，在这个过程中，背部（特别是颈椎部位）得到了拉伸，上半身也随之拉伸。因此，腹直肌处于伸展状态，没有被压缩。

不妨做个实验，保持初始动作，试着伸出下巴再收回，向后

伸手，保持颈部伸展。你可以感受到膈肌和胸骨下沉再上移的过程，腹部会在下巴伸出时膨出，在下巴收回且身体处于伸展状态时回缩。

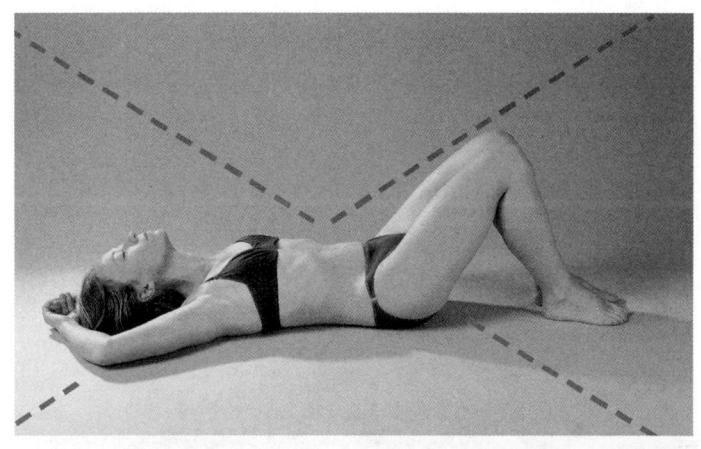

在所有需要调动腹直肌的动作（如坐下、将腿抬高至与身体呈 90 度、向前弯腰等）中，从头到脚都要保持拉伸状态，从而使胸骨远离臀部，而这要求我们努力强化背部力量。

但是伸展动作总是使人联想到"放松"，而"放松"总是与"松弛"相混淆，但在松弛状态下，肌肉并不能处于平衡的张力中，而这是保证肌肉工作时免于受伤的唯一方式。

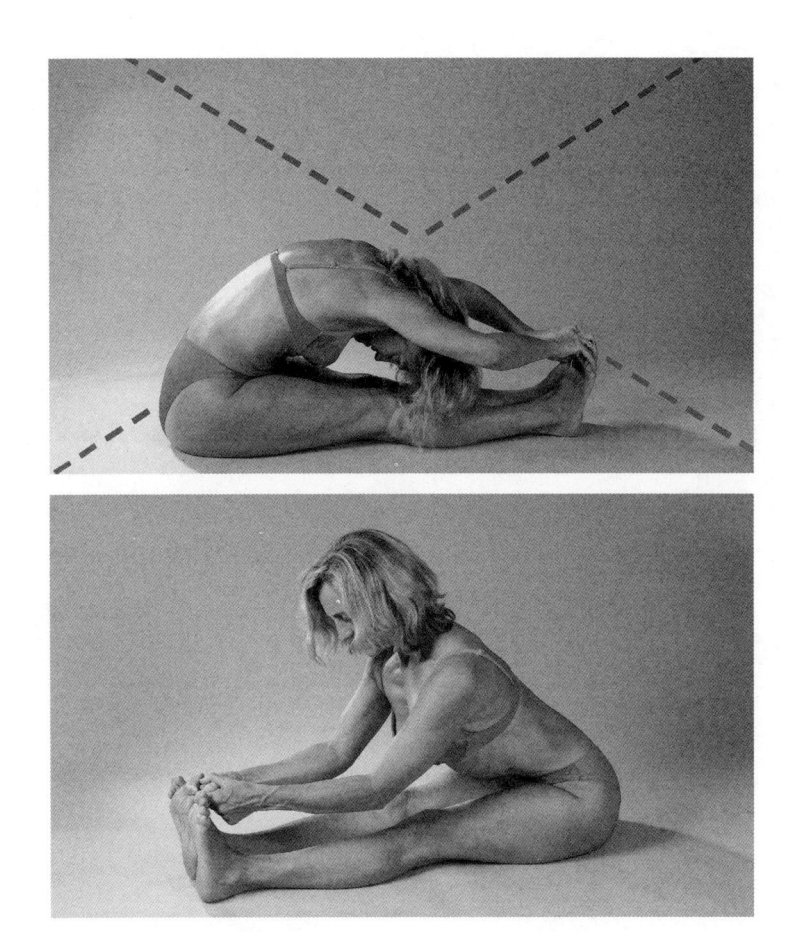

我们可以用鞋垫的功能来类比，鞋垫可使鞋子保持原有的状态而不易变形。

### 效果测定

马塞尔·考夫里兹先生发明了一种智能腰带，它可与计算机相连，使我们了解日常生活中基本动作（如行走、弯腰、坐下、起身、挺身等）带来的腹压强度。这是一项奇妙的发明。

一般来说，腹部被挤压时，背部会受到影响，盆底也会受到挤压，还会对内脏结构造成影响，难以保持内脏位置固定。

只有以正确的动作完成练习，才会产生良好的锻炼效果，为此人们应避免常见的错误动作。肌肉如果长时间不锻炼就会萎缩，因此要经常进行锻炼以使肌肉保持良好状态。

ABDOMINAUX: ARRêTEZ LE MASSACRE!

| 第四章 | **踏上改变之路**
基础篇：人人都做得到！

来吧，只要开始，就会改变！本章介绍的所有练习均可强化腹斜肌、腹直肌及腹横肌。

## 腹斜肌强化练习

在以下练习中，注意不要收缩腹直肌，而是需要腹横肌的充分配合。

以下所有动作：

◆ 都从盆底的收缩开始；

◆ 都从呼气时开始发力；

◆ 都可使骨盆恢复到正常位置并处于伸展状态。

部分练习只示范了单侧动作，在实际练习中，应进行双侧练习，避免出现肌肉不对称的情况。

应避免的动作：肩部靠近骨盆，或者骨盆靠近肩部。

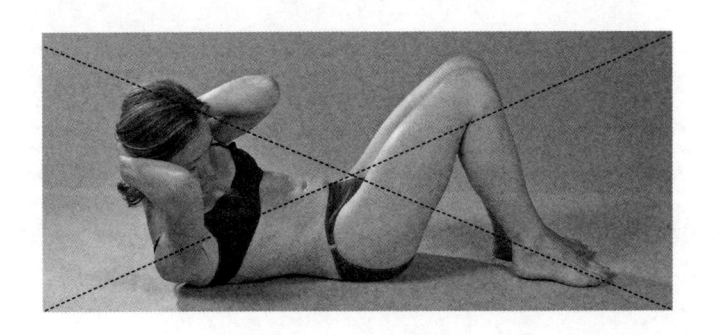

## 基础练习

**肘触膝练习**

平躺于地面，在不收缩腹直肌的情况下，使一侧大腿尽量靠近腹部，并避免臀部抬起。双膝并拢。

举起一只手臂并伸直，使肘部滑动到同侧膝盖的内侧。动作要点：肘部与膝盖相互推挤、相互抵抗，达到某种平衡，使身体保持稳定，背部与颈部尽量平贴地面。你可以将另一只手枕于头下，以保持颈部伸展。轻触腹部，你将感受到腹横肌与腹斜肌的收缩。与此同时，一些因很少运动而松弛的肌肉，如内收肌（大腿内侧的肌肉）及手臂下方的肌肉力量都能得到强化。

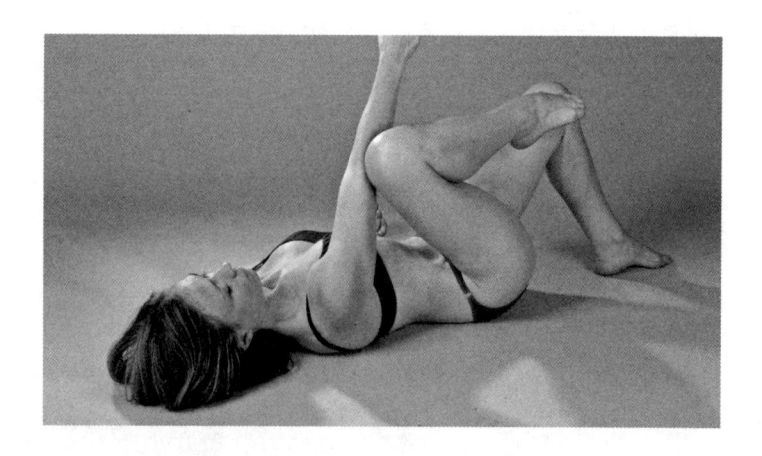

### 交叉式肘触膝练习

其他动作同上,不同之处在于,此时要将肘部置于对侧膝盖的外侧,并使手肘与膝盖相互推挤。

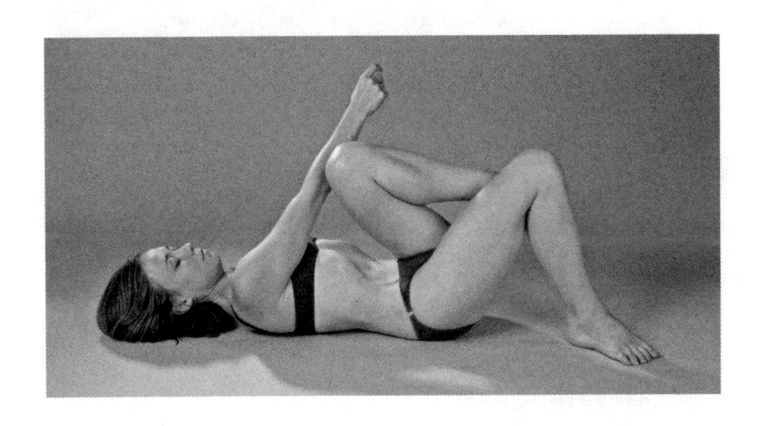

通过这项练习,大腿外侧的肌肉将得到锻炼,大腿上部会有发热感(这有助于减掉臀部赘肉)。

### 借助辅助工具的肘触膝练习

借助一把雨伞或扫帚柄完成动作,如将雨伞放在膝盖前侧,通过手推辅助工具向腿部施加推力。大腿受到推力时会抵抗,以免远离腹部。

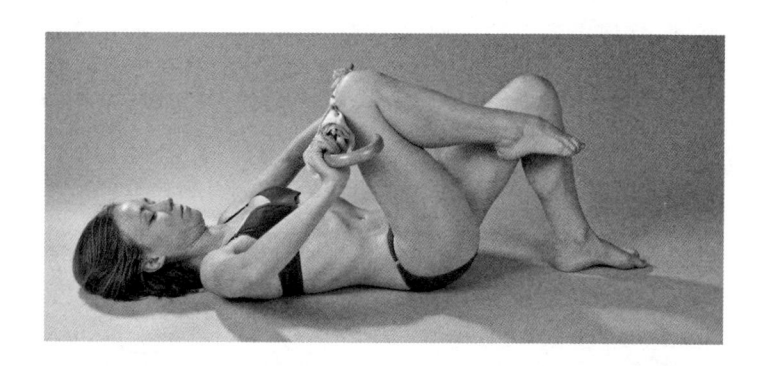

## 腹斜肌针对性练习

### 强化腹内斜肌的练习

采用仰卧姿势,双脚自然分开,两侧膝盖同时向某一侧倒下,并保持腰部接触地面。这一动作能极大地锻炼膝盖倒下那一侧的臀部肌肉,同时强化腹内斜肌。

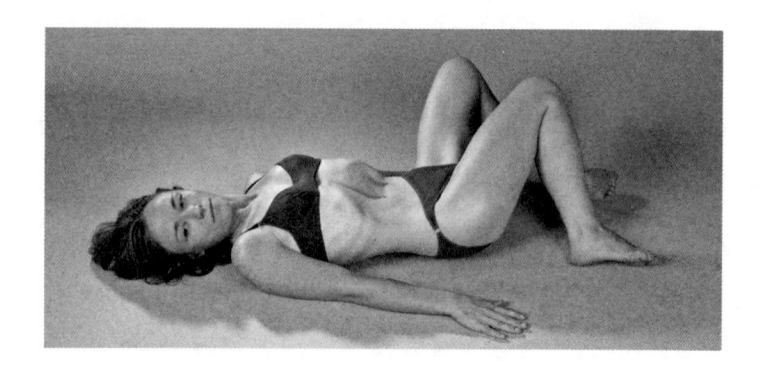

变式：将骨盆转向任意一侧，抬起腹部再放下。动作过程中应确保双腿姿势不变。

**腹外斜肌练习**

采用仰卧姿势，一只手臂移到另一只手臂上方（仿佛要进行合掌）。吸气时抬起肩部和肋骨，呼气时把它们放回地面，在这个过程中感受手臂的抵抗。你会感觉到双手如同被人抓起一样。

动作过程中，你会感觉到只有肋骨在工作，而不是肋骨与骨盆协作，或者腹部向上拱起发力。

## 扭转练习

在扭转过程中，应使腹外斜肌和腹内斜肌分别向对侧方向扭转。

### 悬挂式扭转练习

采用蹲姿，悬挂在把杆上（也可如下图所示，借助同伴的力量使肩部保持不动），将双侧膝盖向同一侧转动，使其尽可能远离身体。

进行此项练习时应先确保肩部保持不动，再扭转骨盆。

**小美人鱼式练习**

采用坐姿,双腿并拢,并向身体内侧屈曲。上半身最大限度地保持伸展并向足部方向靠近。避免弯腰驼背,低头看向足部。

**肩部扭转练习**

采用坐姿,挺直背部,伸直双腿或盘腿而坐,逐渐扭转上半身。动作过程中,使上半身自下而上慢慢转动,每呼气一次,转动一点。先转动脊柱底部,其次是肚脐、腰腹部和肋骨,最后是肩部和头部,保持颈部伸展。

当身体扭转到最大幅度时,双手离开地面。试着在身体失去双手的支撑后,仍然保持该姿势。

## 回折练习

在回折练习中,腹外斜肌与腹内斜肌应向同一侧扭转。

盘腿而坐,抬起一只手臂并呈"新月"状伸展,注意不要压迫对侧腰部。动作过程中,双侧腰部应都处于拉伸状态,一侧内凹,另一侧外凸。

吸气会使腰部内凹的一侧更凹,呼气会使腰部外凸的一侧更凸。

**爬行姿势下的侧向拉伸练习**

采用爬行姿势,使身体重心后移。

将一侧膝盖和其对侧手臂向前移,沿着前移膝盖的内侧做绕圈动作。重心后移且身体尽可能向前伸展。视线转向圆圈内,颈部保持伸展。

尽可能大幅地呼气,以锻炼斜方肌。

## 平移练习

采用跪姿,背部挺直,骨盆倾斜,在水平方向上移动肩部,骨盆不随之移动。

注意不要弯腰。

采用仰卧姿势，双脚自然分开，骨盆略微抬起，但不要向前拱起（盆底发力）。臀部先水平右移，再水平左移，但不要靠近肋骨。

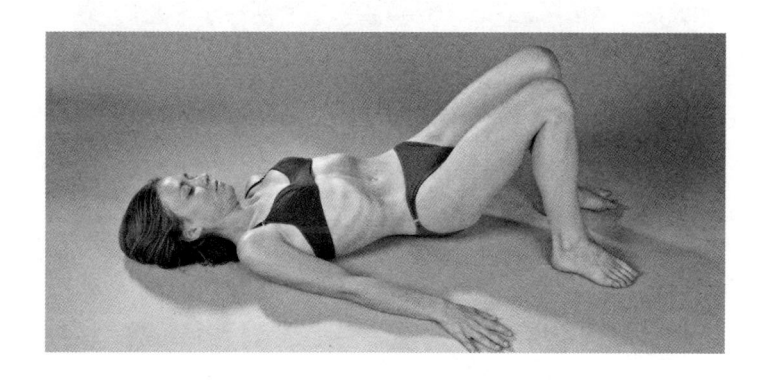

**球上平移练习**

坐在健身球上，挺直背部。滚动健身球，使骨盆向一侧移动，随后向另一侧移动。

## 混合练习

**阻力对抗练习**

两人一组，或单人将手撑于墙上。呼气时，将左臂向右推，对抗阻力。

**内收肌的阻力对抗练习**

采用侧卧姿势,头枕于屈曲的手臂上。一条腿伸直,另一条腿弯曲,弯曲腿的足部置于另一条腿的膝盖前方。向后拉弯曲腿的膝盖,向前推臀部使骨盆倾斜。

呼气时,弯曲腿的足部用力踩地面。

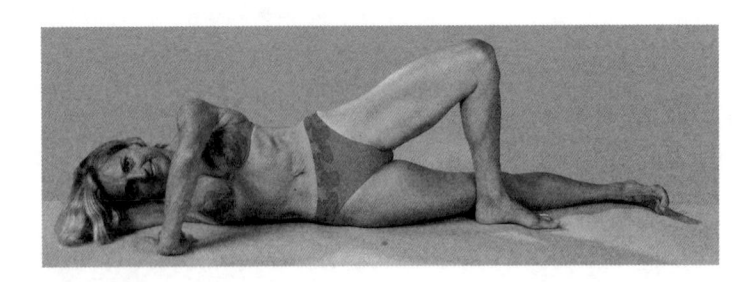

接下来，将与弯曲腿同侧的手放在地面上。重复练习（可锻炼腹外斜肌）。

**加强版变式**

在上述动作的基础上，试着抬起下方的腿。注意不要从小腿开始抬，通过调动腹肌与股内收肌，从大腿上部和盆底开始抬。

此时可以感受到身体中部腹肌的力量。

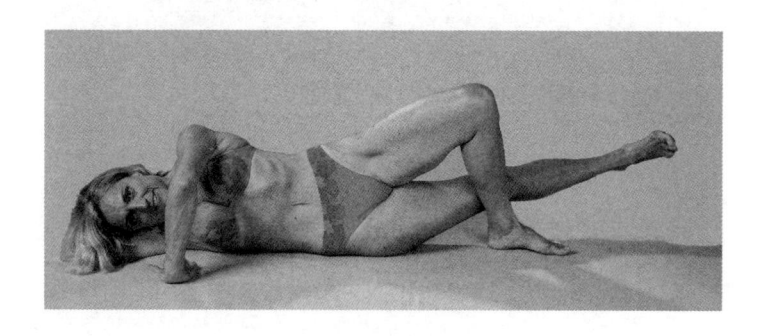

**鳄鱼式练习（运用腹肌力量）**

采用侧卧姿势，伸展双臂和双腿，挺直背部，避免驼背。呼气时，腰部紧贴地面先转动，双臂和双腿随之转动。在此过程中，腹部是主要发力部位，并最先贴至地面。

此动作可使体侧惬意伸展，并使身体呈现优美的圆弧状曲线。

通过呼吸，身体可以得到更充分的伸展。

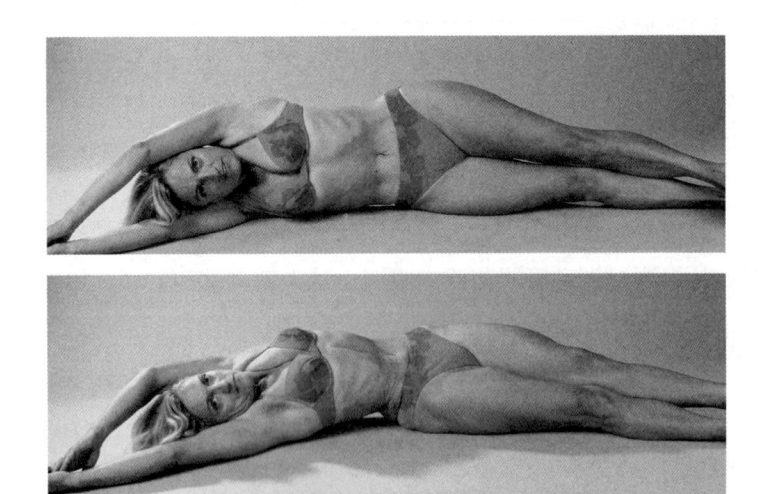

此练习之所以被称为鳄鱼式练习，是因为鳄鱼的生理构造非常特殊，它不是通过尾巴滑动，而是借助身体中部摆动前进的。

**加强版变式**

采用侧卧姿势，屈曲膝盖。呼气时，双侧大腿向腹部靠近（股骨与脊柱的夹角小于90度），同时努力向上抬膝盖，仿佛试图将双膝转动到身体的另一侧。

无须追求过大的扭转幅度，以身体达到自己柔韧性的极限为准。

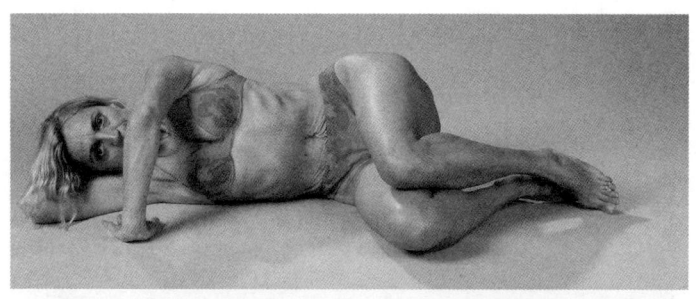

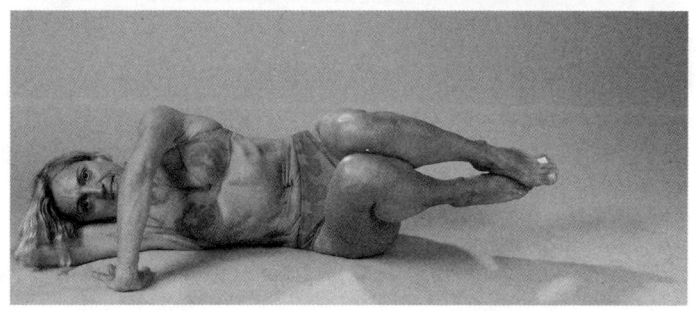

## 腹直肌强化练习

接下来,我们将进行腹直肌(以及腹横肌和腹斜肌)的等长收缩练习。练习时,肌肉保持恒定长度,不会收缩,因此不会压迫椎间盘和盆底。

练习中应始终遵循以下原则:

◆ 动作应在骨盆归位后进行;

◆ 动作应从盆底收缩开始；

◆ 动作应在呼气时进行；

◆ 动作进行过程中，应始终关注腹部是否膨出。

部分练习只演示了单侧，但最好双侧都进行练习。

## 背部及腿部伸展练习：难度逐渐增加

◆ 采用仰卧姿势，一条腿屈曲，置于腹部之上；另一条腿伸直，脚趾向内（朝向面部）弯。

双手抱住弯曲腿的膝盖，尽量使其紧贴腹部，注意不要抬起另一侧臀部。

收紧盆底，呼气时确保腹横肌收紧、膝关节放松，避免内脏下移及腹部膨出。

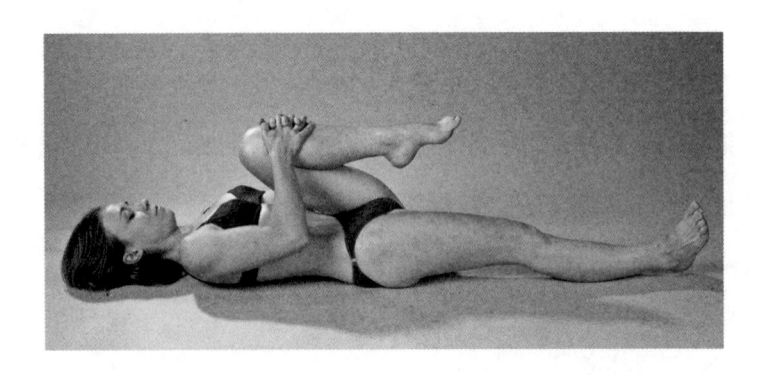

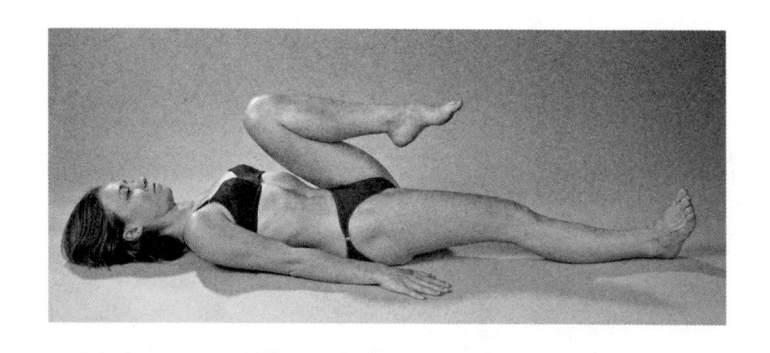

◆ 采用仰卧姿势，双腿伸直，取一条弹力带绷于一侧足底。肘部紧贴身体，肩部放低。保持此姿势，同时试着将腿向天花板方向伸展，大腿与腹部间夹角应小于 90 度（腹部不应膨出），最后放松弹力带。

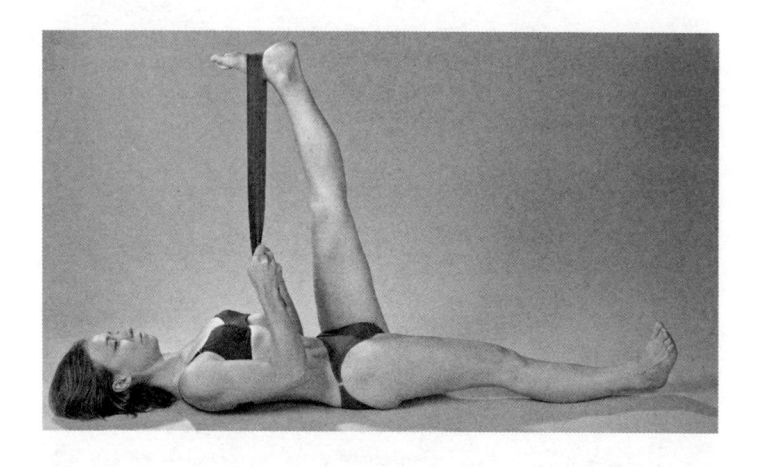

如果腿无法伸直，可以稍微屈曲膝盖，但姿势切勿变形，无

论是手的位置,还是肩部的位置,都不要发生改变。

◆ 采用仰卧姿势,抬起一条腿,屈曲膝盖与臀部。在弹力带的帮助下,尽量使大腿靠近腹部,保持脚跟与膝盖连线垂直于地面。收紧腹横肌,最后放松弹力带。

避免内脏下移及腹部膨出。

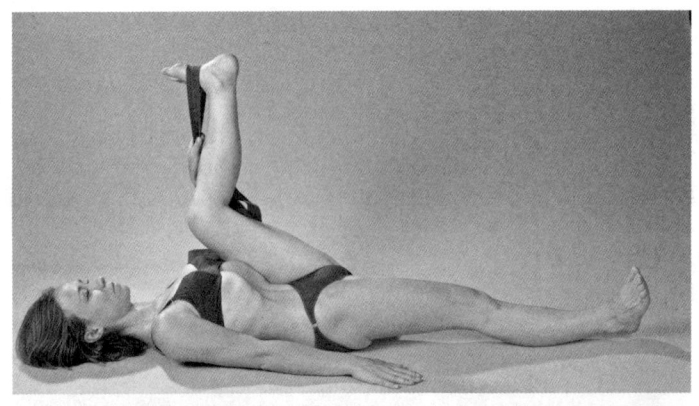

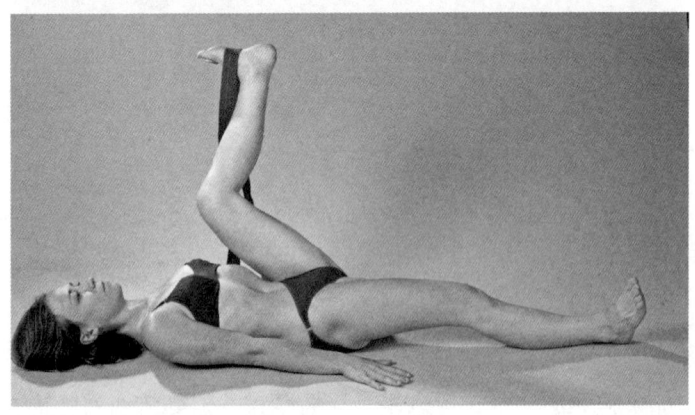

### 分解后的踏板练习

这个动作的结束姿势如下图所示。

采用仰卧姿势,一侧大腿尽量贴近腹部;另一侧大腿平放于地面,保持伸展,脚趾向面部方向弯。在这个过程中,不要借助手部力量,避免腹部膨出。

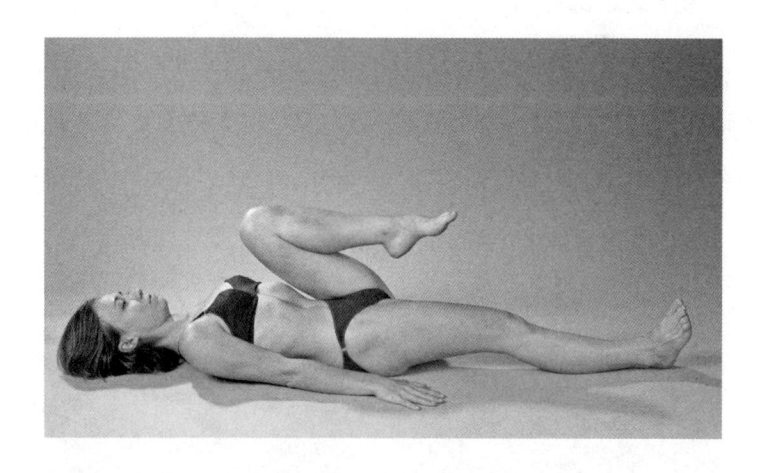

### 补充动作

双腿保持伸展,抬起一条腿,使大腿尽量贴近腹部,不要借助手部力量。同时避免抬起另一侧臀部,尽可能绷紧平放那条腿的足跟。避免腹部膨出。

## 对抗阻力式牵拉练习

对抗阻力式牵拉练习的难度是逐渐递增的。在练习中,腹横肌、腹直肌和腹斜肌都不会收缩。

### 想象式足部练习

采用平躺姿势,双臂可高于头部以防止腹直肌收缩。右脚置于地面,左脚的脚趾放到右膝后部,但左侧大腿不要横向展开。想象自己将双脚放于衣柜底下,试图用双脚将衣柜沿直线拉向自己,但是衣柜非常重,没有任何移动的迹象。

收紧并回缩腹部。此时背部处于挺直状态,不易弯曲。

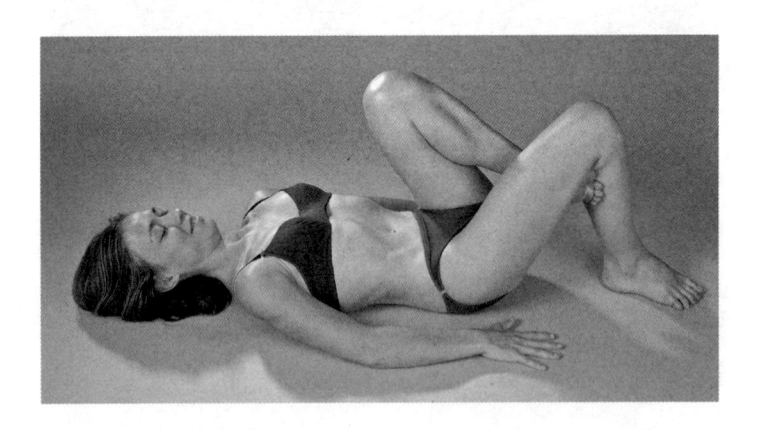

◆ 脚踝交叉,位于上方的腿试图拉动沉重的衣柜。

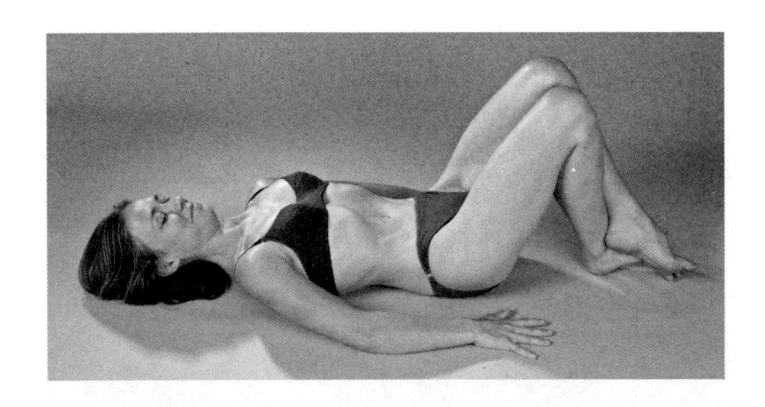

**注意**：此练习导致背部弯曲的风险较大，因此在动作开始前，务必使骨盆处于正确的位置。

此练习同样可以坐在椅子上完成。

◆ 双腿伸展，双脚交叠，脚趾向面部弯。想象下方的那条腿欲朝身体方向抬，上方的腿却用力阻止。

动作过程中，背部极易弯曲。

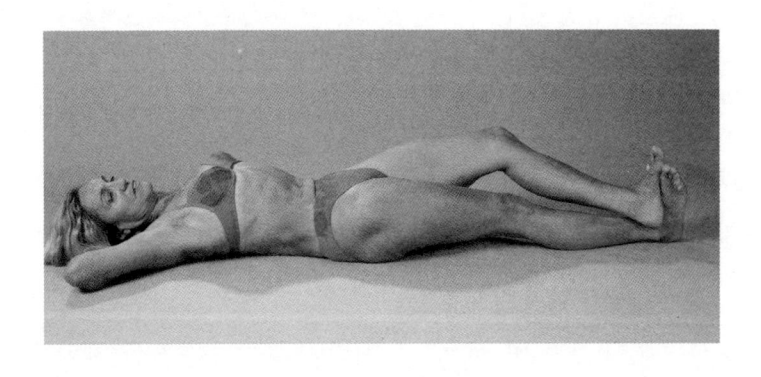

### 侧卧变式

对长期卧床者、哺乳期女性来说,侧卧变式是一种适宜的锻炼方式。

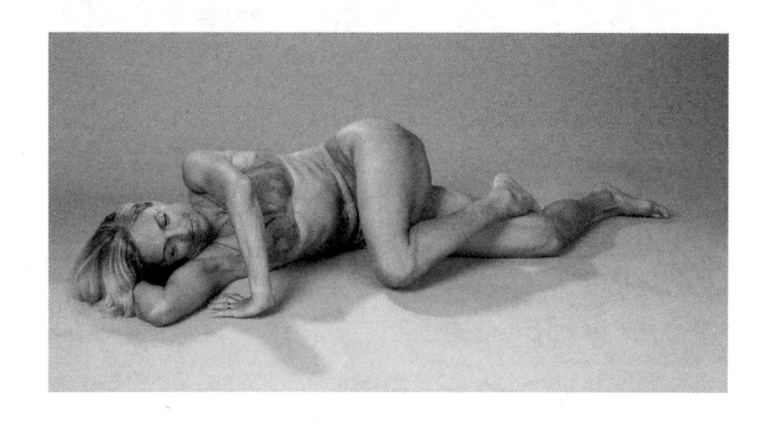

将一只脚放在另一条腿的腘窝处。也可以将一只脚放于衣柜下,通过对抗阻力的形式锻炼。

### 推力抵抗练习

采用仰卧姿势,一条腿屈曲、脚部着地;另一条腿屈曲并抬起,大腿在手的帮助下尽量靠近腹部。随后,双手交叉或用伞将靠近腹部的膝盖向前推,而大腿尽力保持位置不变。

避免内脏下移及腹部膨出。

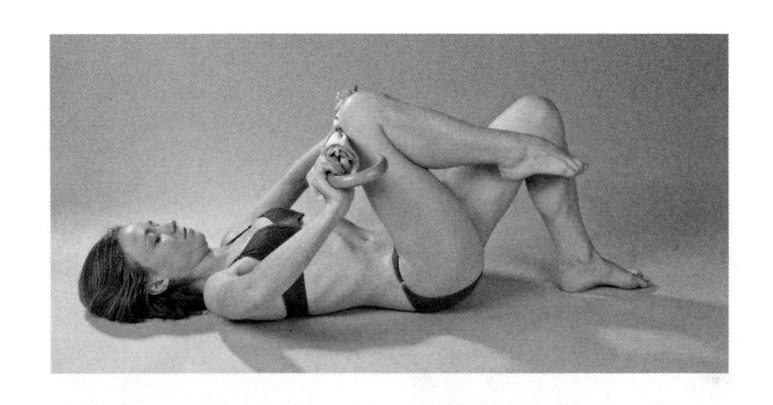

这类似古典体操中的动作，只不过古典体操中往往双腿都要抬高。

试试看吧！你会发现它的与众不同，它能使腹肌得到锻炼与强化。

**四肢着地练习**

处于爬行姿势时，动作力度会加大，难度也会增加，因为我们需要在背部无支撑的情况下保持其稳定。

四肢着地，背部下凹，按照前文提到的伸展要求，将身体重心向后移。

使一侧大腿紧贴腹部，注意不要驼背。在肩胛骨并拢的同时，使颈部与背部处于同一水平线上。

你很快就会感受到热,这与前文中提及的正确穿鞋姿势(参见第 43 页)原理相同。

# 第五章 | 继续向前

进阶篇：迎接更高的挑战

接下来，我们将向更具挑战性的进阶练习以及竞技练习进发。

## 进阶练习

### 腹斜肌与腹横肌的组合练习

#### 新月式直立侧弯练习

保持骨盆倾斜，分别向左、右侧拉伸身体，使身体像一个向外转动的滚轮。

眼睛看向腋下，颈部保持伸展。

### 横向哨兵式练习

采用侧卧位,单手于腋下撑地,双腿叠放,双膝微微弯曲。

接着挺起身体,将髋关节向天花板方向抬起。

这项练习可以有效锻炼腹部肌肉。

### 仰卧扭转练习

采用仰卧位,屈曲膝盖,双脚平放。

将一侧脚掌放于另一侧膝盖上,注意不要驼背。

抬起骨盆,使臀部向下方腿的方向转动,即转动一侧骨盆。

双膝同时倒向地面,肩部不要抬起。头部紧贴地面,颈部伸展,眼睛看向背部。

呼气时不断加大扭转幅度,但注意不要超出身体承受限度,尤其是在上方的膝盖触地时，此时你能感受到腹斜肌在发力。动作结束时，注意抬起骨盆，使其复位。

## 腿部扭转伸展练习

此动作难点在于大腿需尽可能地贴近腹部，同时避免胸部拱起，以免腹直肌在应发力时没有发挥作用。

采用仰卧姿势，双腿并拢倒向同一侧地面，膝盖尽力向胸部贴近。调整肩部位置，使脊柱保持挺直。在伸直颈部的同时，向另一侧转头。

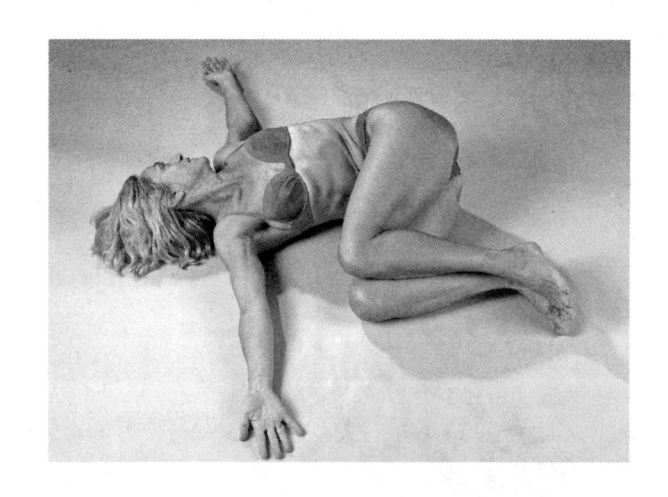

在缓慢呼吸中完成扭转动作，随后伸展双腿。

**注意**：你如果不希望腹部膨出，务必保持盆底、腹横肌和腹直肌的位置不变。

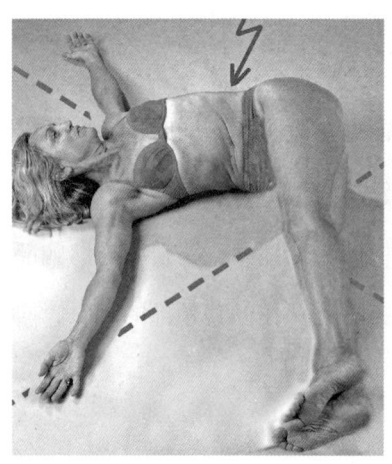

**埃及式站立扭转练习**

采用站姿，适度转动骨盆。双臂呈烛台状，肩部放低，前臂与上臂成90度。保持肩部、头部与胸部朝前，转动下肢，使骨盆与肩部间角度接近90度。

试图将肩部与骨盆转向相反的方向。

**祈祷式练习**

坐在脚跟上，随后股骨旋外，挺直上半身和骨盆。双手在面前呈莲花扣状。

身体向一侧缓慢下降，同时伸展脊柱以最大限度减小下降速度。臀部向身体下降一侧下压，肩部尽量保持稳定。

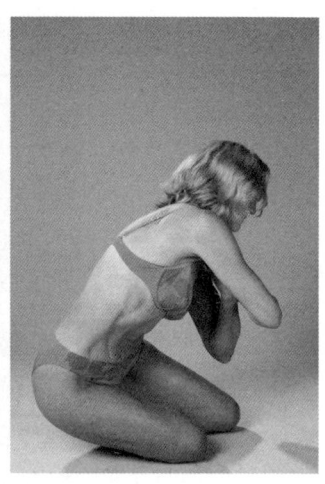

身体向一侧缓慢下降至极限后，髋部平移转向另一侧，带动身体呈弧线状缓慢上升。

**圣安德鲁十字架式练习**

采用仰卧姿势，将骨盆固定在正确位置。伸直双臂与双腿，抬起一侧的手臂与另一侧的腿，使其在空中延伸交叉呈 X 形。

为此，先竖直抬起一条手臂，再抬起对侧的腿，抬起的手臂与腿的延长线将在肚脐上方的天花板处交汇（不需要用手触摸脚趾，而是瞄准更高的交汇点）。另一侧的手臂与腿紧贴地面。

抬起的手臂与腿使相应的肩部与臀部抬高。另一侧的手臂与腿仍然保持伸展，避免腹直肌收缩及腹部膨出。这项练习的效果非常好。

## 腹直肌与腹横肌的组合练习

开始这部分练习前,我们需要了解腹横肌的"紧身褡"作用。

### 铁棒式练习

采用爬行姿势,四肢着地,挺直背部,充分伸展颈部,想象头部与臀部向同一个方向推某个物体。

如果头部与臀部朝相反方向发力,则肌力更大,背部不易弯曲,效果更佳。让一个人坐在你的腰上,你用腰部支撑起他,一定要保持头部与臀部发力,否则背部便会弯曲(可能拱起,也可能凹陷),所有的努力都会付诸东流!此时你的腹部会因用力而紧绷,呼吸变浅,但仍为腹式呼吸,你会感觉到身体发热。

该练习可为俯卧撑练习打基础,注意保持脊柱绷紧,避免背部弯曲,身体仿佛置于紧身褡之中。实际上,紧身褡相当于人体的腹肌与背肌(尤其是二者的深层肌肉)。

**哨兵式练习与俯卧撑练习**

在以上练习的基础上,使脚尖向身体方向转动,同时伸展臀部与膝盖,用手臂支撑身体。注意不要抬起臀部。用脚趾撑地,伸展颈部,使身体从头顶到脚跟在一条直线上。

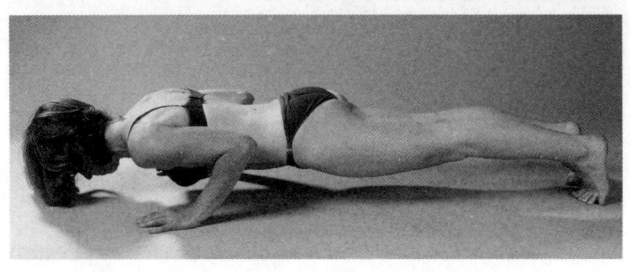

务必保持身体挺直。在这一姿态下,肘部紧贴身体,完成俯身(保持身体挺直),同时下移全身,再伸展肘部以完成起身。

上述俯卧撑练习比双肘远离身体的俯卧撑练习更能强化背部与腹部肌肉的力量。

**联合练习(双人动作)**

两个人面对面跪在地上,双手相握,分别扮演支撑者与练习者的角色。

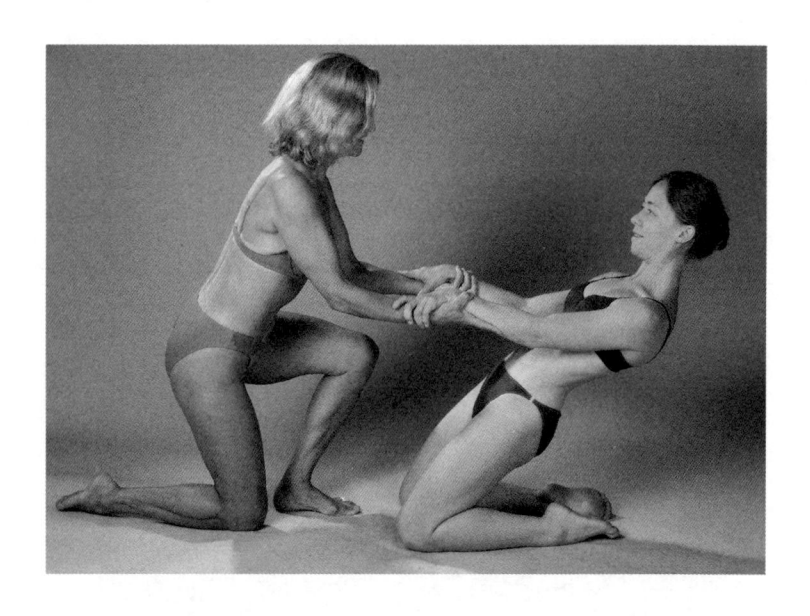

支撑者单膝跪地，上身前倾，背部挺直。需要注意的是，支撑者发挥的是支持作用，而不是抑制作用。

练习者保持全身紧绷，颈部伸展。随后保持背部挺直，身体向后倒，直至极限。动作过程中要完全信任你的支撑者。起身时，尽量不依靠支撑者的拉力。

动作过程中，大腿前部的肌肉发挥着巨大作用。

**跑步练习**

腹直肌收缩会引起背部肌肉的收缩。所以，拉伸腹直肌有利于伸展背部。

单膝跪地，使跪地的膝盖与另一侧足中部对齐，类似起跑姿势，后方脚脚趾点地，双手分别放在膝盖两侧。腹部紧贴不跪地的屈膝蹲立那侧腿的大腿之上，胸部尽量远离耻骨部位。

后方的腿可以不完全绷紧，但是背部一定要挺直并保持伸展。动作过程中，你可以感受到呼吸对腹部及腰部的按摩作用。

**刚柔并济式练习**

此练习融合了身体的伸展与支撑动作。如果你的肩部力量薄弱，完成此练习时要注意安全。

采用坐姿，绷紧双腿，挺直背部并挺胸，放低肩部，肘部微屈，将手掌放在臀部附近。双手撑地，臀部向足部方向滑动，骨盆后倾。双腿伸直向上抬，尽量贴近腹部，并保持紧绷。最后放下双腿，双脚着地，在四肢的支撑下抬起整个身体。

将骨盆尽可能抬高（但不要外凸），伸展腹股沟。

保持颈部伸展，避免头部向后倒。后拉臀部，使其落至支撑手附近，回到起始姿势。

第五章 继续向前 | 137

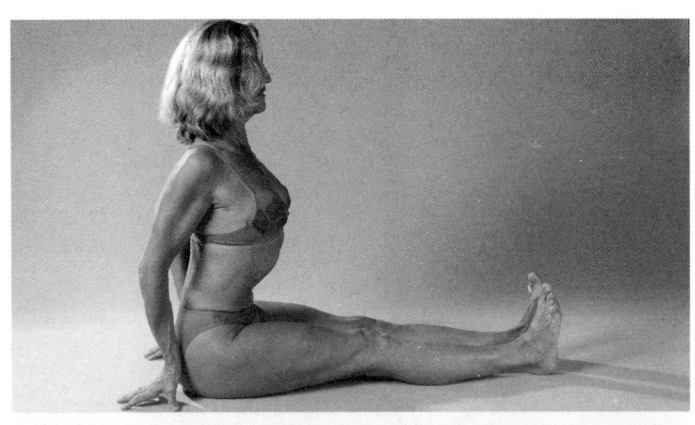

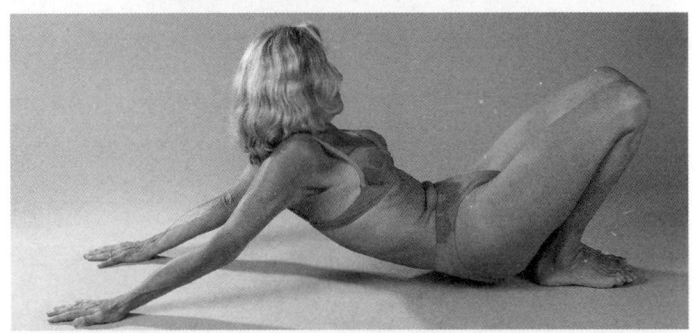

### 瑜伽式踩踏练习

此练习与传统的踩踏练习不同,需要身体有较强的协调能力,并能自如地控制腹横肌。同时,腹股沟能够进行充分的屈伸。

采用仰卧姿势，双臂在头后交叉，头枕于其上。一条腿绷紧伸直，向头部方向抬起，直至与地面近乎垂直。另一条腿伸直，平放于地面，脚背与地面垂直。此时将抬起的那条腿的膝盖屈曲，使大腿贴近腹部，并保证小腿与地面垂直（这是此动作的难点）。在腹部不膨出的情况下，将位于上方的脚跟尽量向外伸。

接下来，两条腿交换。抬起的腿保持膝盖弯曲、脚背勾起的状态降至地面。地面上的那条腿保持伸直并向上抬起，使大腿贴近腹部。随后屈曲膝盖，使小腿垂直于地面。另一侧腿在地面绷直，最大程度保持伸展，并使脚背与地面垂直。

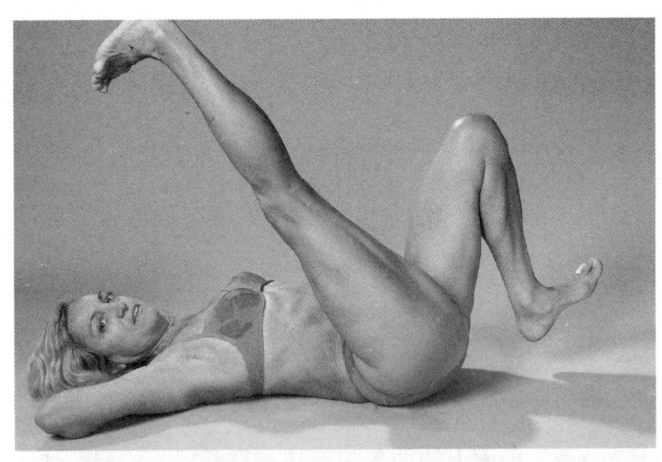

动作过程中，永远是一条腿在上，另一条腿在下；一条腿绷直，另一条腿的髋关节与膝关节弯曲。另外，应确保腹部不膨出，呼气时伸展腹直肌。

## 竞技练习

## 腹斜肌与腹横肌的组合练习

### 磨盘式练习

此练习主要锻炼腿部肌肉（尤其是大腿后侧肌肉）。

采用坐姿，双腿微微分开。想象你的上半身正随着磨盘进行圆周运动，且幅度越来越大。

先从一侧开始，保持背部伸展的同时，身体向后倒，注意不要弯腰。向内收缩腹横肌，扭转骨盆，在转动过程中，尽量使肩部及胸部远离臀部。随后身体向另一侧抬起，呼气，伸展腹斜肌，动作过程中应始终保持身体伸展。随着圆周运动的进行，身体的转动幅度越来越大，直至仰卧时肩部触地、身体完全向前伸展时结束。

随后改变转动方向，继续练习。注意避免主要依靠腹直肌的力量完成动作，并避免腹部膨出。

142

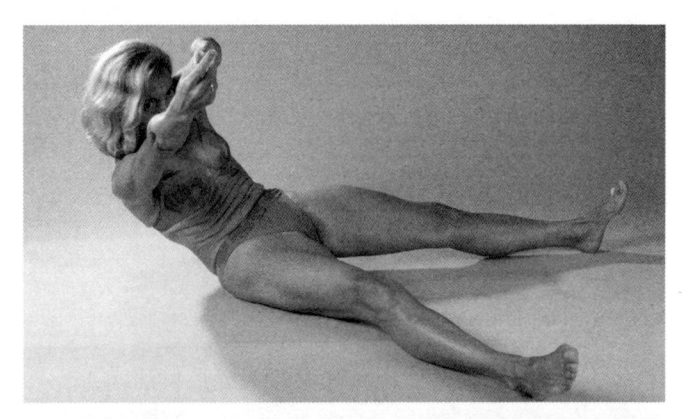

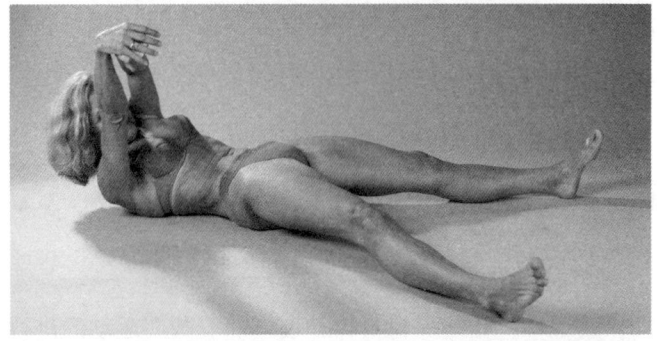

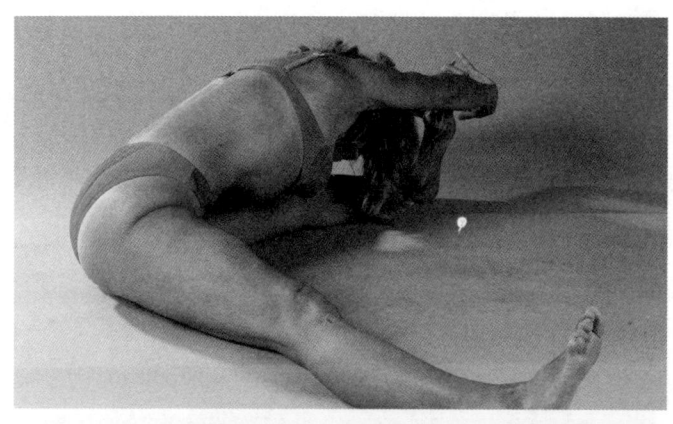

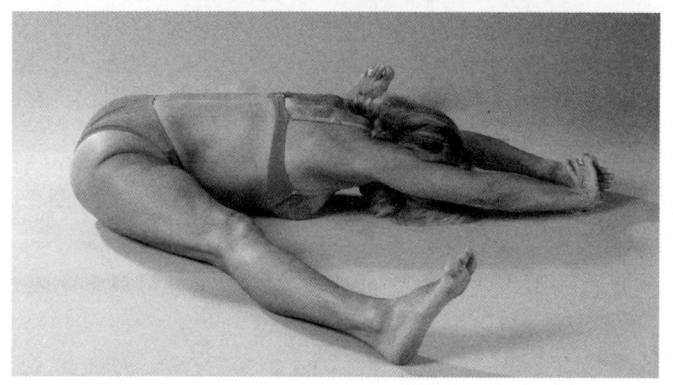

**蜡烛式练习**

通常而言，我们都是通过向后翻完成头倒立动作的。这其实很危险，可能会造成颈部损伤，且起不到任何锻炼效果。下面的动作有一定难度，但效果明显。

采用仰卧姿势，头微微抬起，与地面保持一定距离。颈部伸展,大腿向腹部贴近,大腿与小腿成 90 度角。双手与身体平行,手掌置于地面。随后用力抬起臀部,注意不要让膝盖向面部移动,而应尽力向天花板移动(这是此动作的难点)。

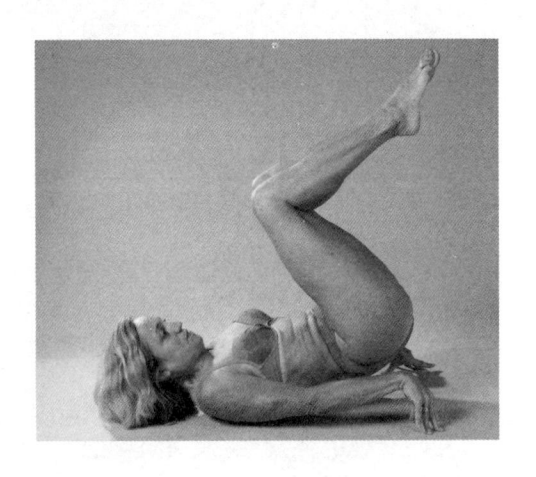

不要收缩腹直肌,主要通过调动腹横肌和腹斜肌完成动作,且动作过程中要保持收腹。

继续向上抬臀,使身体向上伸展。注意避免双脚在杠杆作用下伸向头部后方。使头部与地面保持一定距离。当下半身与地面完全垂直且背部完全直立时,将头降至地面,伸展颈部,同时绷紧脚背。

动作过程中,在头部未降至地面前,不要对其施加压力。身体所有的重量应集中于肩部。保持背部挺直,以支撑双腿向上伸展。在伸展过程中，背肌要不断对抗重力，从而得到极大的强化。

**绵羊扭转式练习**

小羊羔躺下时，总是遵循特定的顺序：先屈曲前腿，再向一侧躺下。

四肢着地，肘部屈曲。将前臂置于地面，双臂呈一字形摆放。将额头靠在双手之上，身体向后移。膝盖并拢并朝向面部，臀部倒向一侧。确保肘部不脱离地面、前臂保持不动。

身体贴近地面，但不要完全趴在地上，呼气时起身。

## 腹直肌与腹横肌的组合练习

### 老虎钳式抬腿练习

此练习需要对抗重力，应调动背肌辅助完成。

采用坐姿，一条腿伸直置于地面；另一条腿伸直并向上抬起，大腿贴近腹部。用手抓住抬起的那条腿的脚趾，使腿充分伸展。动作过程中应始终保持大腿贴于腹部，且不要弯腰。

此时手臂要用力,腿部应保持放松。

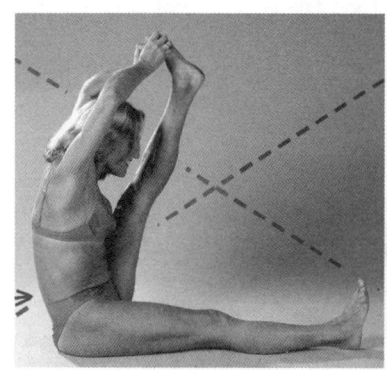

**臀部平衡练习**

在背部挺直、双腿伸直的情况下,分别用双手将双脚的脚趾握住,将臀部作为身体的平衡点。

### 射箭式练习

保持身体平衡，在上一项练习的基础上，试着将一只脚向鼻子方向移动，随后抬高肘部，做射箭瞄准状。在保持平衡的前提下，换另一条腿进行练习。

### 小木偶练习

这是一项强化平衡性的趣味练习，练习者的腹部需要具有一定的张力与韧性。

保持坐姿，挺直背部，将一条腿屈曲并向上抬，使膝盖紧挨同侧肩部，保持脚掌悬于空中，双手放在臀部两侧的地板上。

将身体向前倾，尝试只用双手支撑来抬升身体。再将抬起的腿放低，交叉双腿，使身体进一步向前倾斜。

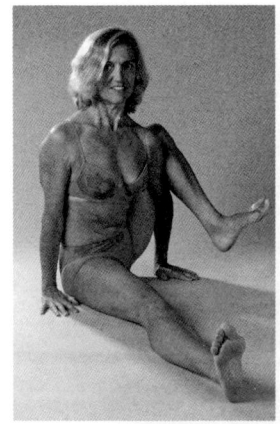

**悬浮练习**

采用坐姿，水平伸直双腿。双手放在大腿两侧的地板上，大约位于大腿中部位置。尝试只用双手支撑来抬升身体，绷紧手臂，不要弯腰。

**背部悬浮练习**

采用仰卧姿势,手臂紧贴身体并屈曲,肘部撑于地面。以肘部为支撑点,先抬起头,再试着抬升整个身体。注意从肩部到膝盖都应绷紧。

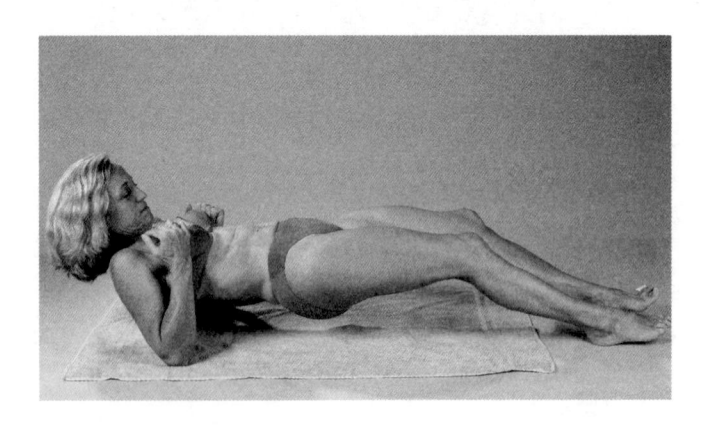

**X 形练习**

采用坐姿,伸直双腿。将双手放在双膝旁的地板上,抬起双腿,注意身体不要向后倒。

**大鹏式练习**

趴在地上,张开双臂,屈曲肘部,使双臂像蜘蛛腿一样撑于地面。一条腿伸直置于地面;另一条腿向头部方向水平转动,最后停在手臂上方。接下来,在双手的支撑下抬升身体,想象自己是一只飞翔的大鹏鸟。

**仰卧劈叉练习**

此练习既包含肌肉伸展动作,又包含肌肉收缩动作。动作中最大的难点在于保持腹直肌收缩变短。

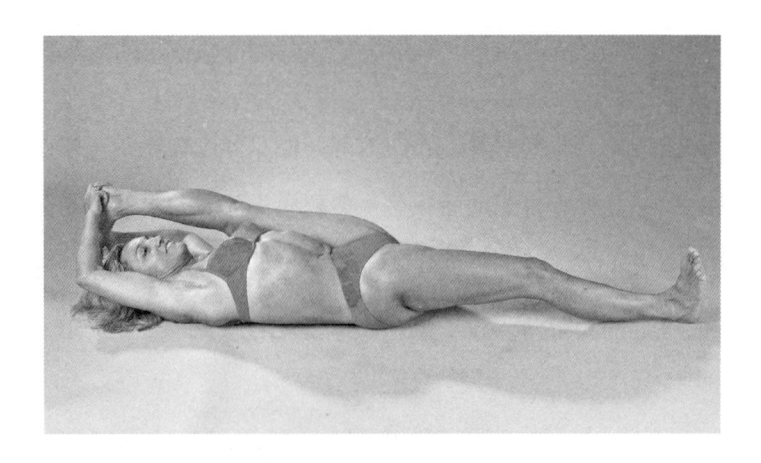

**头倒立练习**

此练习需要较好地控制腹肌力量,先使大腿尽量贴近腹部,再慢慢抬起双腿。动作过程中,需保持背部挺直且始终处于紧张状态。身体的重量应集中于前臂,由前臂推动身体上移。

保持颈部充分伸展,前臂置于地面,手掌合拢,肘部尽可能相互靠近。头部在双手之间触地,但不要用力撑地。伸展双腿,收紧腹肌,使大腿尽量贴近腹部。在双脚离开地面前,不要屈曲背部。接下来,屈曲膝盖使双腿垂直向天花板方向伸展。动作过程中,需在保持背部挺直的前提下推动前臂。动作结束时,身体应呈角尺状逐渐下降,以强化腹肌与背肌。

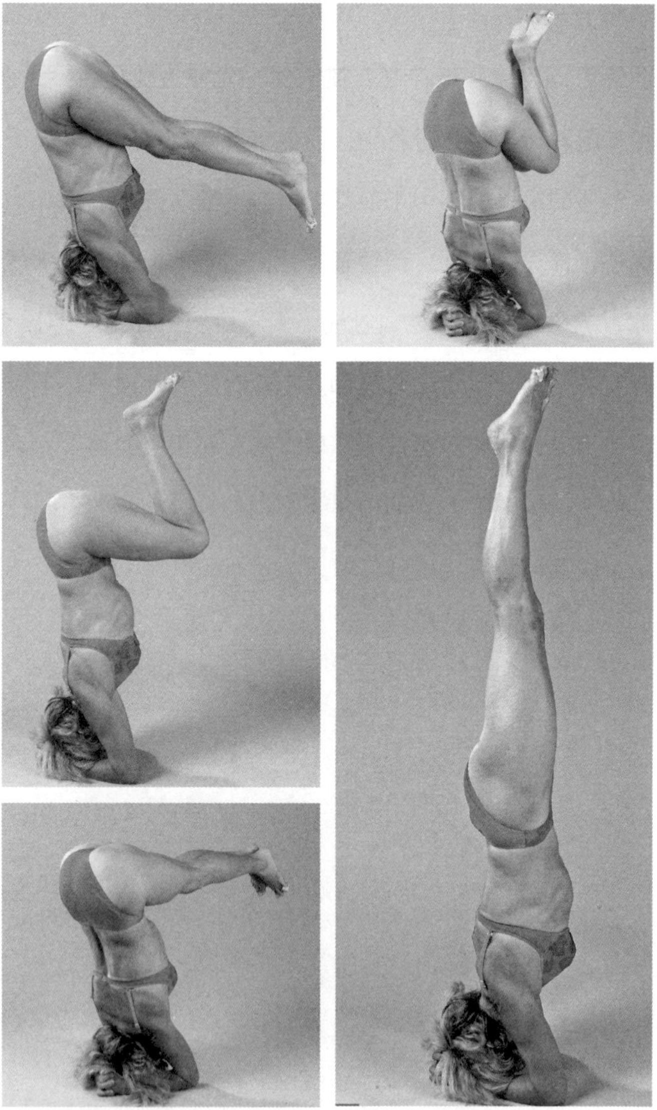

| 第六章 | **呐喊吧,腹部!**

深入篇:假性胸腔吸气、想象式腹肌锻炼及深层腹肌锻炼

我们已经走了很远，此章我们将继续深入，探索不一样的腹肌锻炼方式：假性胸腔吸气、想象式腹肌锻炼与深层腹肌锻炼。

## 假性胸腔吸气

我们首先研究假性胸腔吸气和腹腔负压。

## 优点

为保护盆底，我们一直坚持"不向消化及生育功能区施加过大压力"的原则。

如果腹腔存在负压，将为人体带来以下影响。

◆ 如果拉伸腹直肌（使内脏处于悬挂状态），腹部深层肌肉（腹横肌、腹斜肌）会得到自主强化；

◆ 内脏位置发生改变，膀胱、子宫、横结肠、胃均会上移；

◆ 内脏得到按摩，特别是肝脏和肠道，可以促进消化与排泄；肾脏也会得到按摩；

◆ 腹部与小骨盆血液循环加快，可促进产后子宫恢复；

◆ 盆底（涉及括约肌等）张力恢复平衡。

这类练习可使脊柱得到伸展，从骨盆到颈部都会得到充分拉伸。

## 动作要领

采用仰卧姿势，平放双脚，充分伸展背部（详见"骨盆倾斜"部分，如果腹直肌收缩，这项练习将无法完成）。

先呼气，尝试在"真空"环境下吸气：闭上嘴，捏住鼻孔，将"通气口"全部封闭，使空气无法进入，此时的"吸气"只涉及胸腔。由于空气没有进入体内，无法真正吸气，因此被称为假性胸腔吸气。

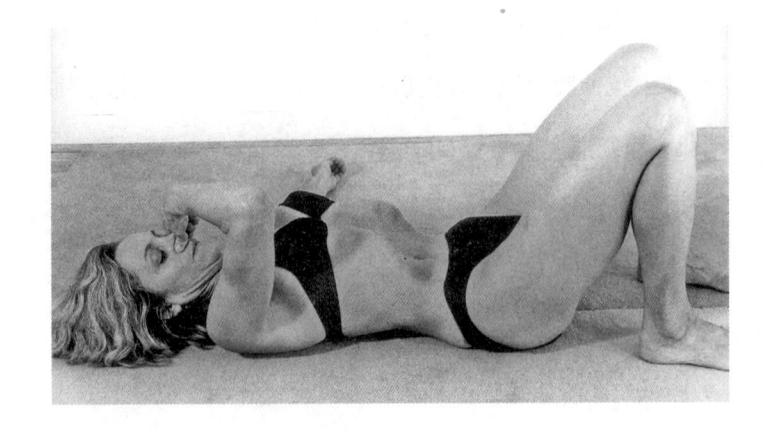

此时，腹部会出现凹陷，形成"真空"环境。胸骨和肋骨的上升使膈肌上移，从而拉伸腹直肌，并"吸住"所有的腹腔内容物。正如我们所感受到的，"一切"都悬挂于膈肌之上。

> 腹直肌拉伸会引发深层肌肉的自主反射式收缩，类似于人穿上一条腰太紧的裤子时肌肉的自发反应。我们将在后文中了解到，这正是我们做瑜伽按摩的原因。
>
> 马塞尔·考夫里兹发明了类似的运动，他称之为"膈肌吸气"。这项运动可以有效减轻腹部压力，使内脏上移。①

当你掌握了上述做法后，可以在不捏住鼻子的情况下完成其他动作。只需堵住声门不让空气进入，就像把头埋入水中闭气一样。

你可以在每次呼气后进行假性胸腔吸气练习，以进一步调动深层腹肌，使内脏快速地上移归位。这种方式特别适合内脏已出现下移的情况。

---

① 可参阅马塞尔·考夫里兹1997年出版的《腹部降压操》一书。

## 练习

**卧姿准备动作**

伸展背部，屈曲双腿，将双足平放于地面（也可将一只脚掌放于另一条腿的膝盖上，不要挺胸）。双手抱头，贴于地面，手掌交叠于枕骨之下。伸展肋骨，转为腹式呼吸。

呼气后堵住声门，憋住吸气。头部用力下压手掌，下巴内收，保持颈部伸展。此时你会产生空腹感，感觉肚脐仿佛贴在了脊柱上。

**卧姿收腹伸展练习**

采用仰卧姿势,准备动作同上一动作。将肘部置于腰部两侧,使前臂垂直于地面,保持颈部充分伸展。先保持背部着地,呼气时肘部用力压向地面,再抬起背部,保持下巴内收。此时腹部收缩,腰部紧贴于地面。这项练习可以有效改善驼背。

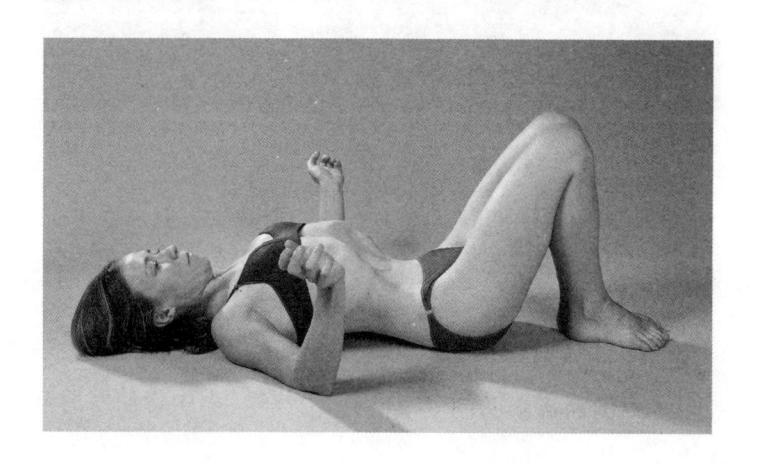

**卧姿凸背练习**

采用仰卧姿势,双腿屈曲,或将一侧腿的脚掌放于另一侧腿的膝盖上。手臂向上伸展,双手背对背,手指向天花板。呼气时,枕骨下压,双手向天花板方向伸展(肩部沿地面向前滑动)。

变式：将一侧腿的脚掌放于另一侧腿的膝盖上，手掌交叉，肘部朝上，将手掌放在上方腿的膝盖上。收腹，在不吸气的情况下，下压枕骨、内收下巴，随后双臂肘部不断靠近。动作过程中，不要后推膝盖，保持手臂伸展，轻微转动手臂使双肘互相靠近。

这个动作可以最大程度拉伸腹横肌，使脊柱（包括颈椎）得到伸展。

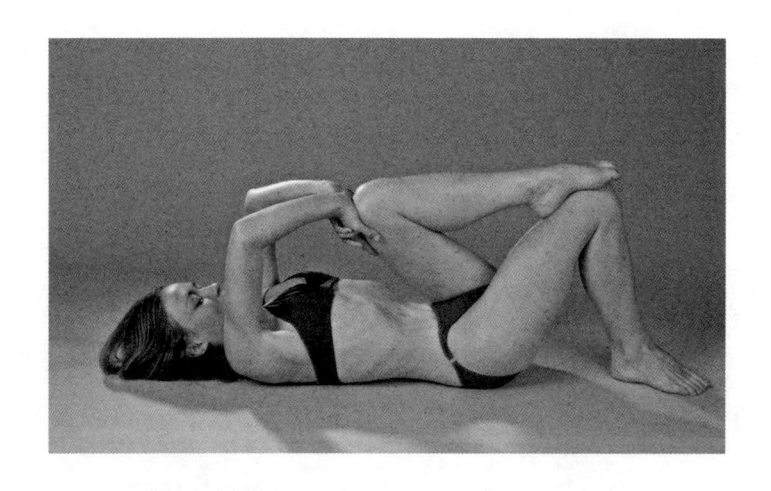

**四肢着地练习**

采用四肢着地姿势，背部挺直，之后背部拱起。

呼气后，抬起头部，内收下巴，注意颈部不要弯曲。一定要收腹，如果你做不到，可以尝试捏住鼻孔，向内吸气。

在所有侧面伸展动作中都可以增加这一动作，使被拉伸的一侧得到充分的按摩和伸展，因为膈肌在那一侧的上升幅度更大。

这个动作能有效按摩腹部，促进消化。

**坐姿准备动作**

无论是在家中，还是在办公室，都可以完成这些肘部练习。

坐在地板上，屈曲双腿，将肘部放于膝盖上（也可放于桌上），下移肩部。

**坐姿凹背练习**

呼气后收腹，屈曲双腿，将肘部放于膝盖上，不要抬起肩部。在挺胸的同时，后移颈部、内收下巴。必须用力伸展颈背。

腹部向内凹陷时，可以感受到背部正在用力，并能明显感受到内脏正在上移。

**坐姿凸背练习**

双腿屈曲，双手放于膝盖上，手指朝向腹部、肘部朝向天花板。再并拢（向内转）两肘，后移颈部、内收下巴。

此时背部是凸起的，在动作交替时会有所放松。

在所有练习中，你都可以根据自身情况判断是否增加额外的"拉力"。

**腹横肌的强化练习**

假性胸腔吸气会使下腹部的训练效果更为显著。再次收缩盆底（在腹部达到"真空"式凹陷时放松），接着收缩腹横肌，可感受到收缩更为有力。

## 想象式腹肌锻炼

本章将介绍一种原创的腹肌锻炼方法，即在想象中完成锻炼，实际上身体并没有动。

## 优点

想象式腹肌锻炼具有诸多优势。

◆ 可以在任何地方悄悄完成。无论是在沙滩上晒太阳,还是在公交车、火车、飞机上,特别是在拥挤的车厢或候车室里,只要你有充足的时间,就可以完成,也不需要垫子。此方法非常实用,可以促进下肢血液循环,避免背部疼痛。

◆ 不会出汗,而且运动结束后不会腰酸背痛。在日常生活中随时可以打造身体曲线,不需要额外的运动时间。

◆ 对于哺乳期女性来说,可以躺在床上,将婴儿抱在怀里,边喂奶边完成。

◆ 不需要任何具体运动,即使有疼痛问题(如背部不适或刚做完手术)也可以进行,同时适用于老年人、行动不便的人士、肌肉力量不足的人。

如果锻炼到位,这种方式会比真正的运动更有效,因为该训练效果集中于特定的肌肉,而且其他部位的能量不会损失,不会使人感到筋疲力尽。良好的血液循环对人体来说非常重要。这种方式能大大降低疲劳感和肌肉酸痛感,还能增加大脑的供血量。

**实际锻炼与想象式锻炼**

当你的身体被打上石膏不能运动时，肌肉会很快流失（一般从第3天开始）。为了避免拆除石膏时出现肌肉流失，建议你尝试想象式锻炼。举例来说，如果你的肘部打了石膏，可以想象正将前臂移向上臂，从而锻炼肱二头肌。神经冲动本身就会引发肌肉收缩，从而达到锻炼的效果。

比利时理疗师史蒂文斯进行过一项研究（1996年在列日省高校通过论文答辩），测量并对比了想象式锻炼与实际锻炼的效果。研究表明，一旦想象式锻炼法被熟练掌握，它的效果可以比实际锻炼还要好。

美国也曾开展过一项"在想象中锻炼肱二头肌"的研究。[1] 脑电图和大脑成像结果显示，无论运动是否真实发生，特定区域的肌肉都会受到刺激。在经过3周的想象式锻炼（每天15分钟）之后，肱二头肌的体积确实增大了。

---

[1] 摘编自《科学与未来》2002年1月刊《想象式锻炼》一文。

## 练习

基于以上研究，我们只需在想象中进行锻炼即可。收紧盆底，呼气时在想象中完成动作。

以下是一些想象式腹肌锻炼的练习。

### 溜冰练习

坐在椅子上或采用仰卧姿势，保持身体充分伸展，双腿屈曲，脚掌平放于地面。想象你正用一只脚承载身体的重量滑行，时而左脚，时而右脚。但实际上，两只脚均未动。

当你开始在想象中模拟这个动作时，会感觉大腿、小腿和腹部都在工作。呼气时可以感受到腹横肌的存在，甚至可以感受到两侧腹斜肌的存在。

### 坐姿扭转练习

坐在椅子或垫子上，背部挺直，身体稍微前倾，先实际做一次扭转动作。呼气时，将下腹部转向左边。每呼气一次，转动点的位置就提高一点，从下腹部逐渐到肚脐、腰部、肋骨、胸部，最后到头部。

再在想象中重复刚刚完成的动作。不要移动身体，呼气时想象自己正在转动，并逐步提高转动点的位置。

你可能感受到腹肌正在从内向外一步步收缩，从最深层的腹横肌至腹内斜肌，再逐渐收缩至腹外斜肌。大部分肋骨向后下沉，而浮肋（第 11、12 肋）则向前收紧，带动腹斜肌进一步收缩，实现增肌与瘦身的效果。

当你掌握了这些动作后，可以不按自下而上的顺序转动身体，而是根据个人喜好选择想要锻炼的部位。

**卧姿扭转练习**

重复进阶练习中做过的仰卧扭转练习（见第 126~127 页）。

采用仰卧姿势，双腿屈曲，脚掌平放于地面，两腿分开与骨盆齐平，两腿膝盖向同一侧倒下，注意不要移动骨盆。使骶骨固定于地面，保持腰部不动。在腹斜肌与臀大肌的帮助下固定骨盆的位置。

这个动作有一定的难度。如果骨盆移动，姿势就会歪曲，腰部可能会被扭伤。

再在想象中完成上述动作，无须移动膝盖，只在呼气时想象模拟上述动作。与实际动作相比，你可以明显感受到腹斜肌及臀

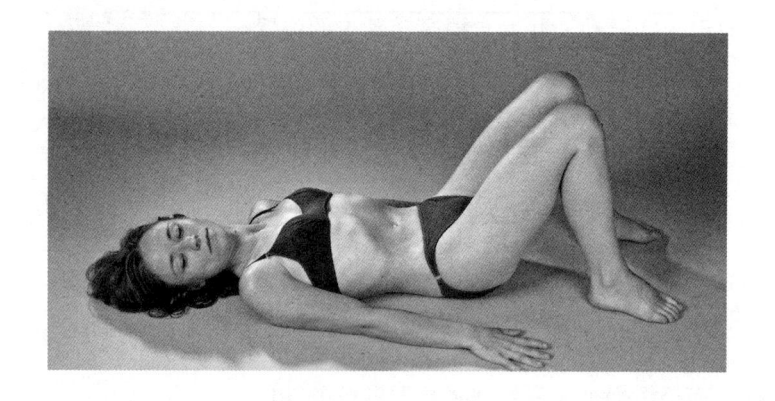

部肌肉的存在，而且不会对背部造成任何损伤。

变式：与实际的扭转动作一样，膝盖向一侧倒下，同时抬起骨盆，然后想象使腰部靠近地面。这个动作实际去做风险较大，因为背部有可能被扭曲和挤压。

**卧姿扭胯练习**

采用仰卧姿势，一侧腿屈曲，脚掌平放于地面；另一侧腿朝向面部伸直，脚趾尽力伸展。

实际做一次扭胯动作，使臀部靠近肩部，缩短身体一侧的长度。这个动作可以有效锻炼腹斜肌，所以经常出现于体操或舞蹈中。但事实上，这个动作的风险较大，腰部一侧的脊椎骨有可能受到挤压而变形。

现在，在想象中模拟这个动作。想象有人一直手握你的脚（脚趾朝面部最大限度地伸展），虽然身体不做实际动作，但你会感受到腹斜肌在工作。在想象动作过程中，脊椎不会面临任何风险。

**想象式"剪刀"练习**

在第一章中我们提到，腿部靠近胸部会产生不良后果，因此不要收缩腹直肌。但如果是在想象中完成，就不存在上述问题了。

仰卧在床上，双腿屈曲。想象一侧腿的膝盖向胸部靠拢，同时呼气。你会感受到大腿肌肉、腹横肌和腹直肌都在工作。

如果想象两条腿同时向胸部靠拢，效果会更显著。

如果想象在动作开始时，采用一侧腿伸直、另一侧腿屈曲的姿势，则为了抬高伸直的腿，大腿肌肉须更加用力，这样可以强化锻炼效果。

这项练习尤为适合腿部肌肉力量不足的人群，可以真正锻炼腿部，提高腿部活动能力。

**侧卧扭转练习**

这个动作可以在床上进行。

向右侧卧，头部枕于右臂之上，左手掌置于地面，双膝同时向胸部抬起。身体不要蜷缩，使胸部尽量远离骨盆。

呼气时，想象自己更用力地向胸部推动膝盖。接下来，想象向左侧卧，重复以上动作。

在练习中用心感受腹斜肌的存在。

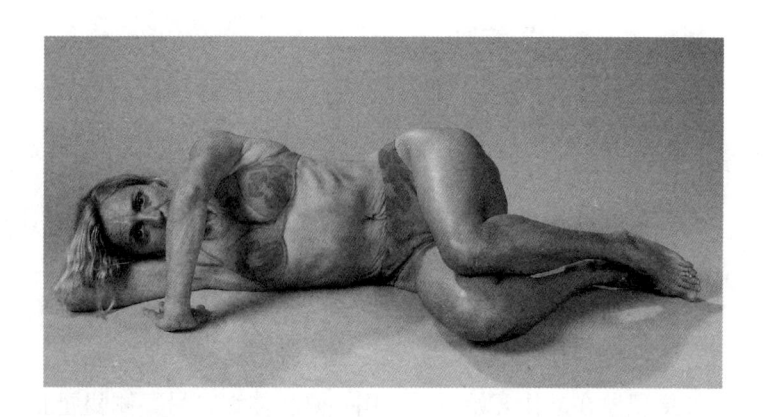

**抗阻力练习**

抗阻力练习的效果非常显著，我们在前文已经看到了一些例子。想象式抗阻力练习同样有效，且具有一定的优势。

想象你正靠在墙上或靠在同伴的背上。

在呼气的同时，将腰部和下背部推向支撑物。将手覆于腹部，注意不要挺胸，也不要弯腰驼背。此动作过程中，全部腹肌都会被调动。

一侧手臂贴耳向上伸,想象手臂的末端存在障碍物,手腕弯曲,用力推障碍物。

腹横肌在此动作中发挥了重要作用。

**仰卧(或坐姿)变式**

采用仰卧姿势,充分伸展身体。一侧肘部屈曲,手的位置约在胸骨上方。想象你正在用手推开一个障碍物,手腕可弯曲。

此练习可以锻炼腹斜肌,也可以双人进行,想象同伴正给你施加阻力。

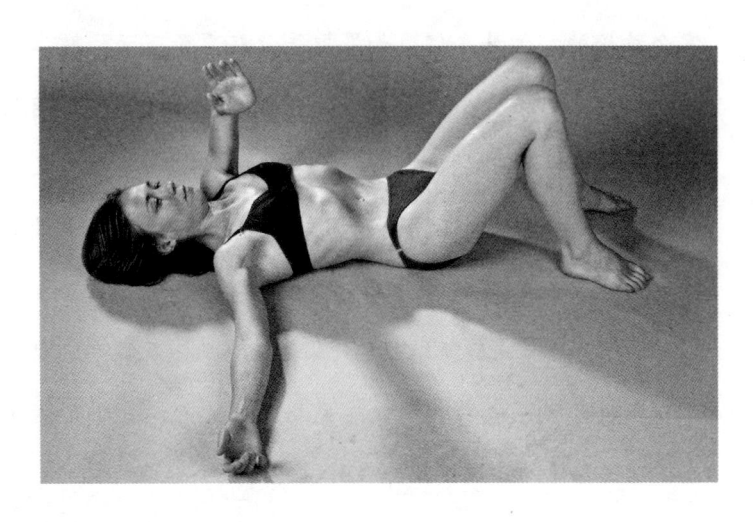

想象式抗阻力练习十分有效，能带来较多益处。在实际抗阻力练习中，只有与动作直接相关的主动肌发挥作用。而在想象式练习中，拮抗肌会放松，以实现我们想要的肌肉收缩效果。

在假想阻力的情况下，拮抗肌作为对抗阻力的肌肉，一直在发挥作用。两种力量实现平衡，肌肉不收缩，实现等长收缩。这种练习可促进血液循环，也可避免人体感到疲惫或出现肌挛缩。

做一个实验：使前臂靠近上臂，收缩肱二头肌，肱二头肌会呈"球形"，并且收缩时手臂后侧的肌肉（拮抗肌）是完全放松的。伸展手臂，如果把手放在桌子下面，肱二头肌会鼓起一点，并会变硬，但不会收缩，此时拮抗肌是放松的。现在想象有人抓着你的手，此时你会发现，肱二头肌同样会鼓起、变硬，不同的是拮抗肌也变硬了，肌肉并没有收缩。

同理，想象式腹肌练习也能锻炼背部肌肉及腿部肌肉。

在想象中完成动作的效率更高，可使身体处于平衡状态，增强身体的协调性及脊柱的稳定性。

## 深层腹肌锻炼

### 优点

锻炼深层腹肌,就是锻炼身体的核心力量,而核心力量是各种武术项目的力量基础。我们在此介绍的是借助想象力、更轻松的锻炼方式。

从下腹部(身体中心)开始用力,将力量传导到四肢。

### 练习

#### 伸展动作

采用仰卧姿势,双腿屈曲,将脚掌平放于地面,缓慢呼气,如同气息在咽后方被控制着,想象气息从下腹部出发,环绕大腿,慢慢越过膝盖,向天花板方向延展。

长时间呼气,感觉身体仿佛在不断向上提升。

你可以感受到腹横肌在工作。伴随伸展动作的呼气比纯粹的呼气更能锻炼腹肌。

现在将膝盖并拢,双足分开。

左右腿交替,重复做伸展动作(注意腿部伸展线不要交叉)。

此时你会发现,在以上动作的带动下,腹斜肌开始收缩。

**挺直腰杆练习**

想象头顶有一个重物,从下腹部开始将髂骨用力推向座位,并将头部抬高。保持这一姿势,身体会感受到向上和向下的伸展。

**"飞毛腿"式练习**

采用仰卧姿势,双腿膝盖弯曲,一侧脚掌平放于地面,一侧脚跟抬起,置于另一条腿的膝盖上。呼气,感受抬起的那条腿仿佛越来越轻,从膝盖到脚跟都不断变轻、放松,直到脚跟几乎可以自主抬起,不需任何腿部肌肉收缩。

现在来感受腹部的收缩——"紧身衣"(腹斜肌)已经收缩到极限,身体平贴地面,变得更为纤薄。

建议背部疼痛者尝试这项练习。

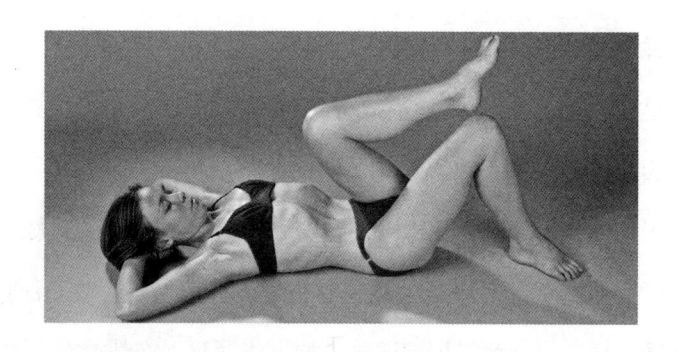

**内收肌的阻力对抗练习**

我们在第四章的"腹斜肌强化练习"部分介绍过类似的姿势（见第 110 页）。

采用侧卧姿势，一侧腿伸直，另一侧腿屈曲，屈腿的足部靠在伸直的腿的膝盖上。尝试抬起伸直的腿，从下腹部开始，先抬起大腿根部，接着是膝盖，最后是小腿和足部。

在这项练习中，内收肌可以发挥较大的作用，有助于从大腿根部发力将足部抬起。

**呐喊练习**

想象你正试图用手劈一块砖头。

一般大家会选择从砖头中部下手，并可能发出短促而响亮的叫喊。当然，即便是想象，也最好从一块泡沫砖开始。

**瑜伽腹部滚动按摩练习**

这是一种瑜伽练习，也被称为瑙力（Nauli）法，能进行真正的腹内按摩，并且可以调动不同的腹部肌肉。

采用站姿，使膝盖稍微弯曲，身体前倾。将双手放于大腿上，手指指向腹部，随后进行假性胸腔吸气。可以发现，腹直肌像两根绳子一样突出，而且周围凹陷。如果将两只手交替放在大腿上，重复上述动作，你会感受到左右腹直肌交替突出。在此基础上，轻微平移肩部，会发现腹外斜肌和腹内斜肌的肌腱向外突出。

这项练习能使我们以另一种方式观察腹部的肌肉组织。

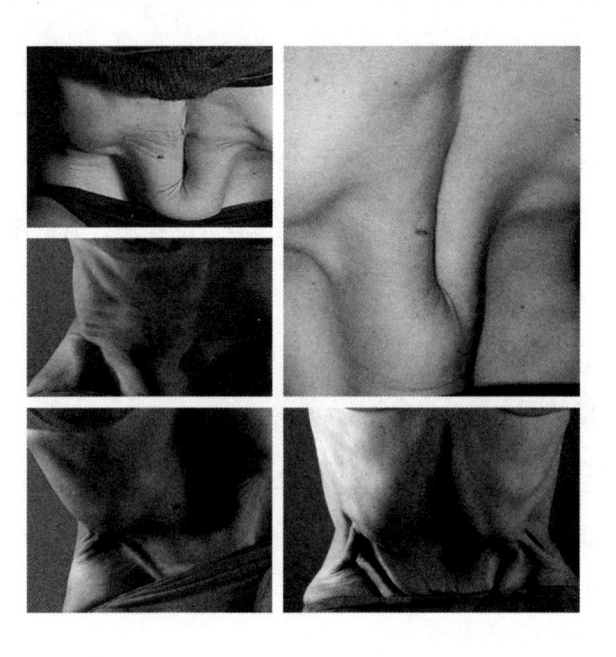

# 第七章 拓展部分

基于特殊需求与可行性原则的腹部锻炼

特定人群很有必要掌握腹肌与呼吸运动的正确动作。因为对于他们来说，很多错误动作导致的后果是无法挽回的，必须更注重动作的正确性。

特定人群主要包括：

◆ 怀孕、分娩或产后护理期的女性；

◆ 患盆底疾病（如尿失禁、盆腔脏器脱垂等）的女性；

◆ 便秘患者；

◆ 患背部疾病的人；

◆ 老年人；

◆ 肌肉无力的人；

◆ 行动不便的人。

上述人群必须严格遵守运动规则，因为即使微小的错误动作，也可能引发疼痛或加重病情，造成严重后果。

本章基于特殊需求与可行性原则，为特定人群提供一些适宜的练习。

## 孕产期

以下我们重点讲解腹肌在怀孕、分娩与产后这三个阶段中发挥的作用。

## 怀孕

怀孕时，子宫不断膨胀，迫使腹壁被迫膨胀，导致腹直肌分离。这种生理性分离并不是从腹直肌底部开始的，而是始于耻骨上方几厘米处。在孕晚期，特别是最后 3 个月，腹直肌会因此伸长 15 厘米左右，几乎相当于半个子宫的高度。

当孕妇躺平时，腹部中间会出现凸起，像一个小型金字塔。肌肉中间凸出了一个"柔软"的赘生物，这其实是疝气的一种。当然，男性有时也会出现这种现象。

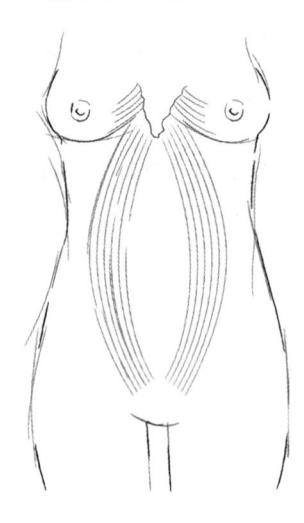

腹直肌如果伸长程度不够承担子宫膨胀的压力，就会产生过度分离，分娩后也不能恢复到正常水平，"拉链"无法正确合拢（参见第 34 页）。而怀孕期间生成的肌纤维分娩后应得到消除和修复。胎儿也需要更大的空间，倾向于不断向肋骨下方特别是右下方（因为子宫是向右倾斜的）生长。只要腹直肌和腹外斜肌不过分收缩，肋部都能轻易展开。

如果准妈妈有点含胸驼背，肋部闭合，又恰好是个运动健将，拥有发达的腹直肌和腹外斜肌的话，可能就要忍受一些痛苦了，如呼吸不畅、肋骨下方不适、膈肌急性疼痛等。

腹部负荷的增加会导致背部弯曲加剧，随之加重疼痛、呼吸困难、血液循环不畅、子宫韧带拉伸、腹直肌分离及腹横肌拉长等症状。所有这一切都会陷入恶性循环，使症状不断加重。

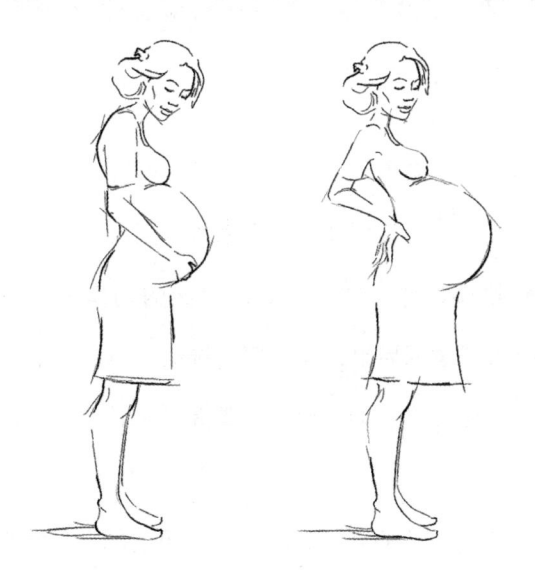

即使是处于卧姿状态，准妈妈的背部也是后弯的。如果不使用垫子等辅助工具保持良好体态的话，子宫会被上拉至腹部

中空处。

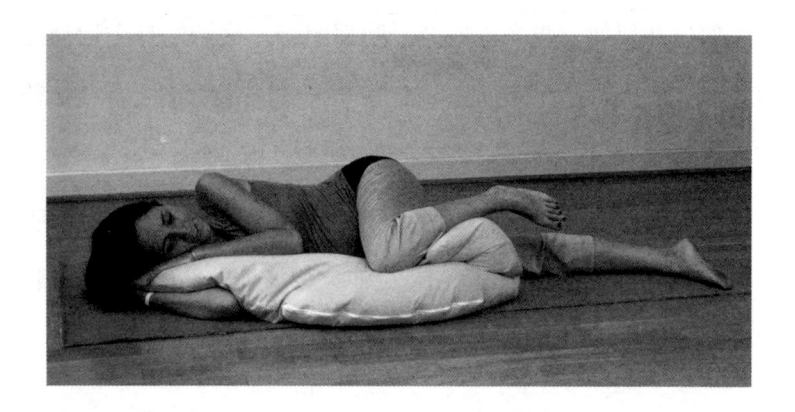

**关键点**

对于孕期女性来说，最好要减小运动幅度，将锻炼重点放在调整呼吸方式、减小腹压及强化腹横肌方面。

◆ 纠正错误动作。如果孕妇以错误的动作弯腰、起身、翻身，就会带来严重的后果，如疼痛、排泄障碍、宫缩等。

◆ 在不收缩腹直肌的情况下，掌握倾斜骨盆的方法（通过伸展实现）。

◆ 身体始终保持伸展，为胎儿"腾出空间"。可通过能否进行自主下腹式呼吸来判断身体是否处于伸展状态。

◆ 强化腹横肌的下半部，因为孕妇总是将手放于腹部下方，以支撑胎儿。腹横肌有助于稳定胎儿位置，确保孕妇站立时，胎儿也能"直立"，而不是向腹部空间随意推挤。此外，腹直肌还可防止胎儿压迫子宫颈，避免对盆底造成过大压力，并在生产过程中发挥决定性作用。

◆ 缓解便秘，确保在不推挤胎儿的前提下排泄。

在妊娠晚期，当腹直肌收缩时，如用错误的动作起身，子宫就可能出现收缩。同样的情况还可能出现在躺下时，或者从浴缸出浴时。这时腹部会出现凸起，子宫可能会随之收缩。

我们必须避免腹部凸起的情况，防止腹直肌进一步分离。因此，应尽量避免抬头、抬腿等动作，确保呼气时始终调动腹横肌，侧身起身时先从侧面起、弯腰时挺直背部等。

如果所有动作都是在呼气时完成的，且调动的都是腹横肌，确保腹直肌不收缩，子宫就不易出现收缩。

在宫缩强度大，或存在早产风险的情况下，掌握这些技巧是降低风险的重要手段。孕妇应尽量避免运动导致的宫缩。

腹部是否放松取决于身体的伸展情况。下图是准妈妈的伸展范例。可以看到，肚脐上方还留有很大的"空间"。

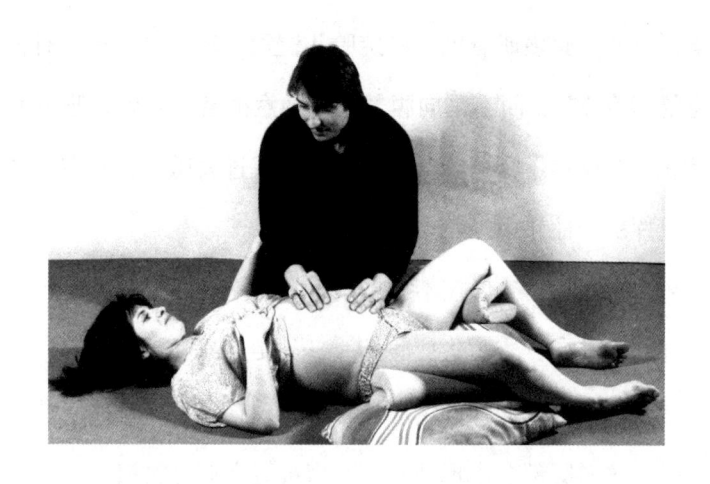

## 练习

以下是一些可居家进行的练习。

◆ 日常动作：弯腰、站立、起身、床上翻身、坐下，以及从床或椅子上站起。

◆ 通过拉伸和正确的站立姿势，保证合适的骨盆姿势。

◆ 侧身伸展，使背部稍微后仰、肋骨打开。

◆ 如果胎儿的位置偏低，导致下腹部出现坠胀感，或者孕妇患有痔疮或外阴静脉曲张，可以进行假性胸腔吸气。

怀孕期间，胎儿在腹中的高度是没有具体数值标准的，只要感觉胎儿已经足够高，出现被"卡住"的感觉，就不要让胎儿再上移了。

◆ 强化腹横肌。

◆ 掌握正确的发力方式（可以进行"吹气球练习"或者"阻力对抗练习"）。

◆ 伸展：在弹力带的辅助下，先保持侧向转体坐姿，再四脚着地爬于地面，像鳄鱼背上坐着一个"婴儿"（详见前文"爬行姿势下的侧向拉伸练习"）。

◆ 呼吸：孕妇在爬行时呼吸，最容易感受到腹横肌的存在。

◆ 悬挂：对于上图中的孕妇来说，"肚子"仿佛消失了一般。

◆ 起身时，尽量不要倾斜骨盆。正确的做法是通过股骨旋外完成起身动作。

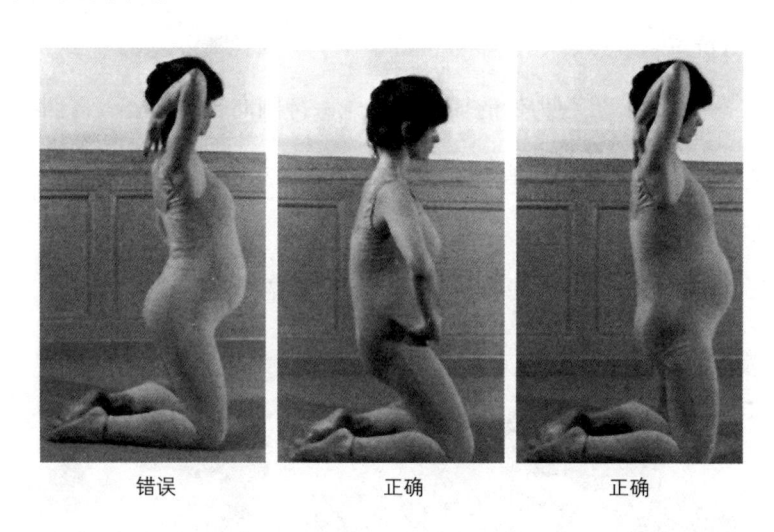

错误　　　　　正确　　　　　正确

**特殊的腰带**

如果胎儿位置较低，明显感受到下腹部坠胀、腰部及耻骨部位疼痛（特别是站立时）的话，建议使用特殊腰带。比如，一种很窄的弹性腰带，可以从两侧对腹部进行加固，有助于腹横肌从下方支撑胎儿。并且不会影响行走或呼吸，也不会收紧腹部，只是托住骨盆，从而有效缓解疼痛。

戴上腰带以后，你会立刻感受到背部挺得更直、站得更稳了。这是因为腹横肌与背部深层肌肉（保持背部挺直的肌肉）处于互相促进的协作关系。

这种腰带与普通的收腹带不同：收腹带会将腹部压得过紧，而且会影响肌肉工作，这种腰带则不会（需要水平佩戴）。

如果在佩戴这种腰带时久坐（比如长时间在影院看电影），可能会感到不适，那么可以随时摘掉，起身时再戴上即可。

## 分娩

分娩时子宫不断收缩，使宫颈口打开，娩出胎儿。娩出时既需要宫缩，也需要调动腹肌。

**腹肌是否有助于分娩**

为回答这个问题，美国研究人员曾对一些通过将腹直肌植入胸部来进行丰胸手术的女性进行研究，以验证她们的分娩过程是否更不顺利，但结果表明，并没有任何区别。

事实上，这项研究本身存在问题。因为有助于孕妇分娩的腹肌其实是腹横肌，而不是腹直肌。

**分娩相关的生理学知识**

当宫颈口打开时，子宫通过不断收缩将胎儿推入产道。当胎儿到达并撑开盆底时，如果盆底足够健康，且没有被完全麻醉，盆底肌就会开始收缩，这种收缩会引发腹横肌的反射性收缩。

前文曾提到，盆底肌的收缩会强化腹横肌。

腹横肌收缩与宫缩合并，在孕妇体内产生一种不可抗拒的推动力，可加快胎儿的分娩进程。这与呕吐时的腹横肌反射性收缩类似，能够有效促进孕妇生产。

那么这个过程是如何实现的呢？此时子宫有一半是空的，胎儿已经部分娩出。子宫底部及腹横肌的收缩会将胎儿压向脊柱，这一压力在胎儿通过阴道时达到最大。子宫向外推出胎儿，而腹横肌使子宫保持在骨骺线之上。膈肌的上升使子宫上移，就像将枕芯从枕套中抽出一样，必须先打开枕套，在向外抽枕芯的同时，向上拉枕套。

以此类推，在分娩过程中，一边是胎儿，一边是子宫，我们不能从上向下硬推子宫（包括膀胱、直肠等）与胎儿，母体应该使子宫上提。只要胎儿的大部分还处于子宫内，母体就不应过早用力。因为此时用力，会将子宫和胎儿一起"推出来"或"收进去"。

正确的做法是，等胎儿到达盆底时再用力（此处的"力"指的是腹横肌条件反射产生的收缩力）。需要明确的是，只要直肠壶腹部（盆底部分）没有东西，孕妇就不会在产床上排便。此时产妇身体应保持伸展状态，如果处于悬挂姿势更好。膈肌上升会使盆底放松（类似呕吐时的状态），人体就像牙膏管，当从中间挤压时，分别形成向上和向下的推力，在呼气时将胎儿"推出"体外。

在一些国家的传统文化中，人们已经意识到悬挂姿势与腹横肌收缩对分娩的重要性。因此，在分娩过程中，不会一味地从上向下推动腹部，而是增加腹部的向心力。

**正确的推力与错误的推力**

分娩时传统的仰卧起坐动作其实并不符合人体的生理结构。

该动作可分解为：抬起头，抓住杆子，拉紧手臂。吸气，再憋气，将膈肌向下压。

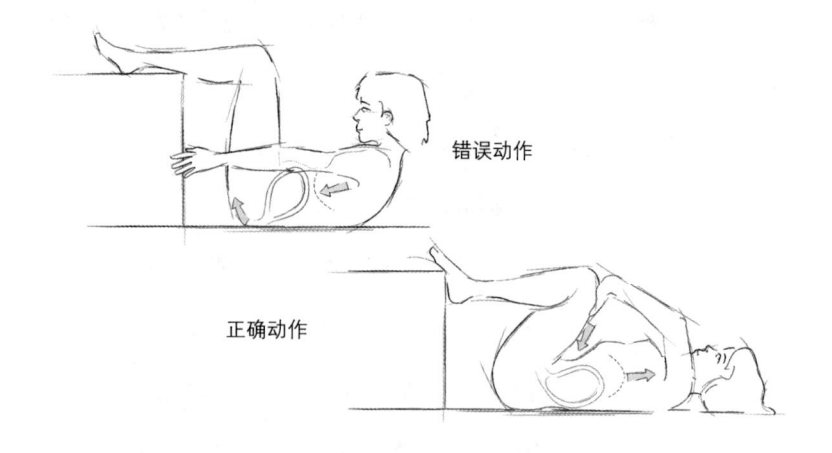

错误动作

正确动作

问题在于这个姿势（抬起头，拉紧手臂）只能调动腹直肌，不能发挥腹横肌的作用。

这可能导致"腹部膨出，腰围变宽"，与腹横肌反射性收缩的效果完全相反，失去身体的协调机制。

这样用力会使盆底闭合，增加阻力，使悬挂子宫的韧带受到较大的推力。如果长时间受压，会导致不可逆的韧带拉伸与内脏下垂。盆底长时间承受重压，也会向外凸出并失去张力。对于胎儿来说影响更大，它不会缓慢滑出子宫，而可能会快速"落"至盆底。

如何才能实现生理性推动呢？方式只有一个，通过伸展使腹横肌收缩。阻力式呼气也会加强腹横肌的收缩。最好的训练方式是吹气球练习，它能使你深切感受到：

◆ 胎儿位置的变化；

◆ 腹横肌的力量；

◆ 膈肌的提高与盆底的放松。

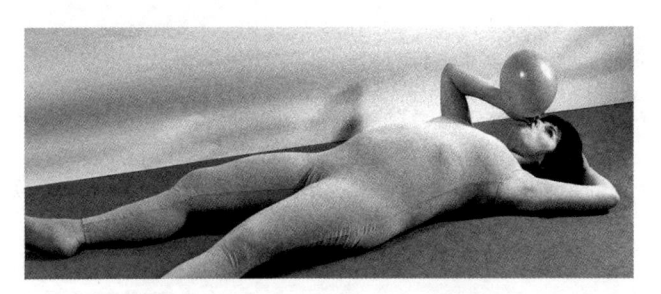

呼气，吹鼓起球，记录胎儿位置的变化

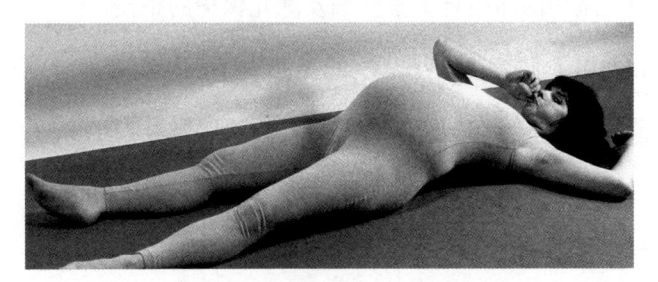

吸气，然后停止，用力屏气

悬挂式分娩与对抗式分娩（将手臂伸至耳朵上方，用力推陪产人员，如孩子的父亲）是非常有效的分娩方式。这些方式还有一个好处，就是能使骨盆与背部对齐，使阴道形成一个近乎直线的通道。

## 产后

### 产后早期护理

在传统文化中，产后早期也属于孕期的一个阶段。这个阶段对妇科健康、女性再次受孕甚至绝经都有很大影响，必须重点关注。

在这一时期，产妇应成为重点关照的对象，她的身心都应得到呵护。虽然法律中有关于产妇及幼儿保护的条文，但现实生活中，分娩后人们往往以刚出生的婴儿为中心，很容易忽略产妇，低估腹肌与盆底未得到有效恢复引发的长期后果。

### 产后生理学

胎儿出生后，子宫立即内收，子宫底迅速升至肚脐下方。但在接下来的几周里，产妇的腹部依然凸出且较为沉重。许多产妇起初都会为失去平坦的腹部而失落。不可否认，有些产妇的肚子或许看起来像没生过孩子。但是产后腹部较大是正常的，因为此时子宫虽然大，但内部是空的，腹肌被拉伸过长。需要整整6周的时间，十多厘米长的腹横肌才能自行回缩，使子宫恢复正常大小与位置；腹直肌慢慢合拢，身体曲线逐渐恢复。

6周只是人体所需的正常新陈代谢时间，关键在于排出体内堆积了9个多月的东西。如残留的胎盘、血液、黏液，以及坏死的蜕膜组织等。

胎儿分娩时，产妇体内流出的胎盘、血液等物质，重量约有6千克。

对于产妇来说，在短时间内排出子宫残留物很有必要。因为产后6周是分娩后恢复正常激素水平的关键时期。

在许多文化中，这一时期的产妇被认为是"不洁的"，这种观念某种程度上是指体内的残留物还没有完全排净。

为了能在短时间内排出子宫残留物，需要做到以下两项，有助于身体完成自我净化。

◆ 充分休息（促进休息时的新陈代谢），减少站立和提拿重物；

◆ 多补充能量，可服用富含蛋白质的食物，无论是新陈代谢还是肌肉生成，都需要能量。

**运动原则**

这一时期的运动原则是保护身体并促进恢复。

需要注意以下事项。

◆ 避免负重、搬运重物、长时间站立和推挤，预防便秘；

◆ 如果必须站立，要以正确的姿势站立，抱孩子的姿势也需要调整；

◆ 促进新陈代谢，采用腹式呼吸及假性胸腔吸气；

◆ 强化腹横肌与深层腹肌，避免收缩腹直肌；

◆ 最好在卧姿、爬行或倒立姿势下进行肌肉强化练习；

◆ 强化背部和腿部力量，避免腰部过度用力而压迫腹部。

在这个阶段，应尽可能多做日常动作，少做高负荷训练。劳累无法使身体彻底恢复。

尽可能地将动作练习融入日常生活，无论是抱孩子，还是喂奶，都可以与动作练习相结合。

**产后恢复**

在现代医学理念中，产妇分娩时是躺着的，分娩后却需要尽快站起来，像什么都没发生一样，一天到晚都要忙着抱孩子、照顾老人或买菜购物等。

而在传统理念中，产妇是站立分娩，产后需要立刻上床休息。一般产后第一个月需避免下床活动，尽量不提拿重物，并通过各种护理（按摩、戴绷带、喝汤水等）促进新陈代谢和身体恢复。

产后身体恢复期有几个重要时间节点，分别是第7天、第21天和第40天，要重点关注这些时间节点的身体恢复状况。因为产妇的身体很容易出现损伤，部分韧带可能被拉得特别长。

亚洲一般不建议产妇提拿超过700克的物体，其他人可以帮忙把孩子抱到她身前，她只负责喂奶。

产妇会发现，肌肉流失现象很明显，特别是腿部肌肉。产后第二天，做到蹲下、起身、拎东西时想要挺直背部，可能并不容易。因此，她们需要逐步锻炼大腿肌肉，但要避免腹部用力，比如弯腰或提拿东西。

在喂奶过程中，一直保持背部挺直是不现实的，但这并不意味着可以不进行背部锻炼。懒散地瘫在椅子上。这样不仅会压迫腹部，还会使肩部和颈部的肌肉收缩，从而压迫胸部。

## 喂奶

*卧姿喂养*

如果你选择母乳喂养,应尽量躺着完成喂奶动作,这能使你得到片刻的休息,切记一定要侧卧!时刻调整你的姿势,不要让肚子侧垂在半空中,避免腹肌过分拉长、悬挂子宫的韧带拉长,缓解背部的倾斜程度。

可以在耳朵下方放一个小垫子,两腿之间放一个大垫子,使大腿与背部的角度小于90度,就像怀孕时一样,只是"肚子外面的婴儿代替了孕期肚中的胎儿"。注意不要倾斜背部。

这样子宫就不会完全悬空,身体会很放松,也能自动进行腹式呼吸。此外,还有一个好处,不会担心压到婴儿,也不会在犯困时担心婴儿掉下床。

*坐姿喂养（母乳哺乳与奶瓶喂奶皆适用）*

调整好坐姿，取出合适的坐垫或支撑物，可在脚下放置小板凳、膝盖上放坐垫。背部可以向前靠，但不要向后靠，将婴儿放在坐垫上即可。

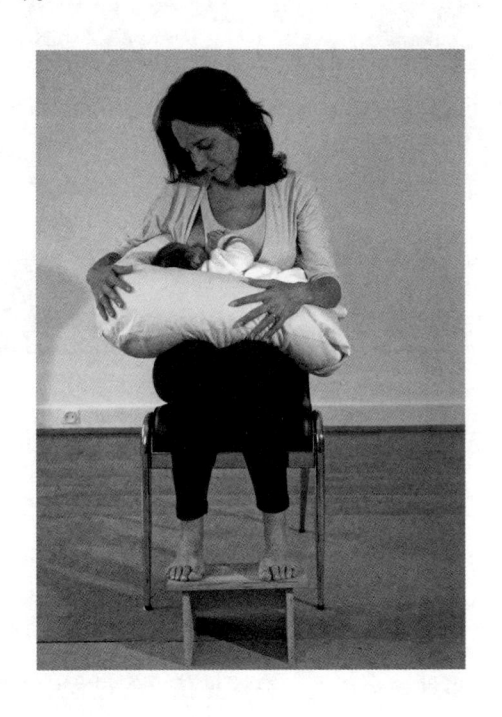

## 抱孩子

将孩子抱在怀中时，尽量不要使自己的腹部前凸、肩膀后仰,并且不要一直使用同一侧手臂。试着让孩子面朝外,头和背靠在你的胸部,一只手扶着孩子的大腿,另一只手放在孩子肚子上。还可以让孩子坐(或者跨坐)在你的前臂上。

在以上姿势中,你不会向后仰肩,可以长时间保持直立,身体重心多集中在脚部,不会对盆底产生压力,更不会拉伸腹肌。

如果你需要长时间摇晃孩子,请务必靠墙站立。如果可能的话,在背上放一个球(哪怕只是普通的沙滩球)。将脚前移一点,使自身重量更多地移至球上,在摇晃孩子的过程中按摩背部。

你还可以通过缓慢下蹲锻炼腿部力量。

**婴儿背带**

某些婴儿背带可能损害母亲的背部、腹部和盆底健康，也可能为婴儿带来损伤。

传统的婴儿背带旨在使孩子恢复子宫中的姿势，用带子托起婴儿的大腿和背部，使婴儿得到支撑。绝大多数母亲都会用婴儿背带背孩子，这样对她们来说更舒服，乳房不会受到压迫，背部得以伸展，腹部或盆底也不会受到任何压力。

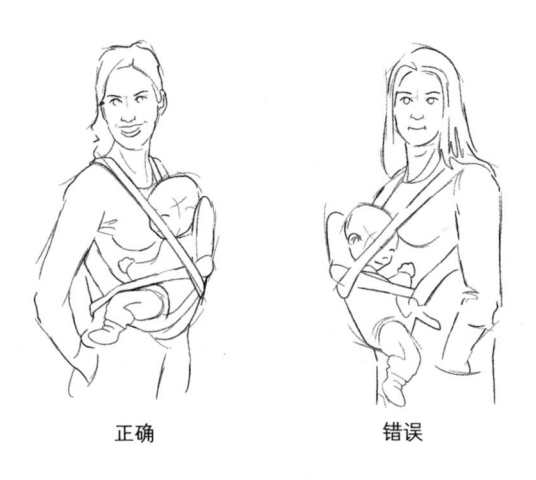

正确　　　　　错误

大多数婴儿背带不会将孩子的大腿托得特别高，避免孩子坐进去时腿部悬空，这对孩子背部和腿部的血液循环非常不利。由于孩子与母亲之间的距离不固定，有时会离得较远，在杠杆原理的作用下，母亲会感觉孩子变重。有时孩子会向下滑，他的头部甚至会处于母亲胸部以下，这样无法给予孩子应有的支撑，孩子会在背带中活动，慢慢后退或下落，导致母亲的肩部逐渐后移，以提供"配重"，最后迫不得已用一只手将孩子拉起来。简言之，在这个过程中，母亲要不断改变站姿，并调整孩子的位置。

使用婴儿背带时必须注意以下几点：

◆ 确保孩子的下肢被托起、大腿部得到支撑；

◆ 确保孩子的身体位于较高的位置（孩子的头部需与母亲的下巴底部平齐）；

◆ 无论孩子是穿单衣还是羽绒服，都要紧靠母亲身体，这需要婴儿背带的高度和厚度能够调节。

### 促进内脏归位

应尽快排出身体残留物，使内脏重新归位，加快身体的恢复进程。

### 假性胸腔吸气的好处

对于孕产妇来说，假性胸腔吸气是首选练习。甚至在产床上，也可以做这项练习，特别是在用力过猛的情况下，这项练习可以刺激子宫收缩，使内脏上移。可以明显感受到练习的效果：

腹部会向内凹陷,"一切"都在向上移动。

假性胸腔吸气可以起到排出身体残留物、调整内脏位置、强化腹肌与盆底肌的作用。

◆ 子宫会因刺激而收缩,负荷不断减轻,悬挂子宫的韧带受到的拉力不断减小。

这是一个避免内脏下移、修复孕期损伤的好方法。当然,单靠一种措施是不够的,还需要配合其他措施。

◆ 膀胱会上移并与地面垂直,可以顺利地排出尿液。这很重要,因为很多女性往往面临产后排尿困难或尿不尽等问题,使盆底承受额外的负担。而且在这种情况下,人通常会额外用力挤压膀胱排尿(千万不要这么做)。

◆ 肠道会得到按摩,极大地促进人体的新陈代谢。孕期压力的增大会干扰肠道的正常功能。

◆ 肾脏会得到按摩,提高排尿效率。因为女性生产后,需要排出大量的液体,所以必须促进肾脏加速工作。

◆ 在肋骨舒张的情况下,肝脏也会得到按摩。肝脏是一个强大的排毒器官,促进其新陈代谢,可大幅提升其"泵"的作用。肝脏的门静脉系统可为盆底引流。因此,当产后出现痔疮或水肿时,进行假性胸腔吸气练习的效果会更好。

◆ 脾脏也会得到按摩，有利于促进红细胞的生成，红细胞是人体内非常重要的物质。

◆ 有利于膈肌下移，从而促进血液循环。产妇分娩后，腿部经常出现水肿，尤其是在输液时。

◆ 有利于盆底排空，这对盆底的恢复至关重要。骨盆底部有一个平面，它会产生反射性弹力（自动产生），可以支撑内脏，防止内脏下垂。在性行为中，这个平面也发挥着重要作用。

从腹肌角度来看，假性胸腔吸气练习还会增强腹横肌与腹内斜肌的反射性。因此，在进行此项练习时，可能会感到下腹部酸痛。

**假性胸腔吸气练习**

无论处于何种姿势，都可以进行这项练习。女性产后应尽量缓慢而彻底地呼气，这样不仅有助于恢复"弹力"，还能强化韧带与其他深层组织的力量。

在每次排便之后（排便时内脏总是稍微向下移动），或者当你感到下腹部"沉重"时，最好进行假性胸腔吸气练习。即使你正站在大街上或公共汽车上，也可以进行此练习，促使内脏上移，从而减轻身体负担。

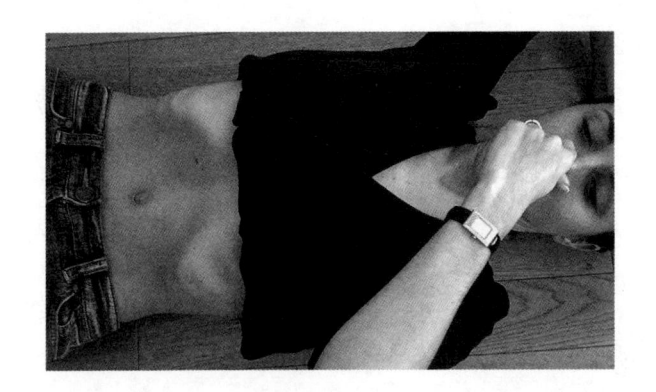

仰卧于床或地板上（详见前文"假性胸腔吸气"部分）。

◆ 在不收缩腹直肌的情况下，重新调整骨盆位置。

◆ 拿掉枕头，使头部向身体方向伸。

◆ 呼气（减轻缝合伤口的疼痛）。

◆ 紧闭嘴唇，屏住呼吸，可以用手捏住鼻孔。

◆ 使枕骨紧紧下压地板或床（下巴内收）。

◆ 用假性胸腔吸气，提升胸部，打开肋骨，实际并无空气进入。如果完成不了这个动作，可以一边用手捏住鼻孔，一边使劲用鼻吸气。

此时你会感受到腹部向内凹陷，肋骨打开。

当你掌握要点后，可以松开捏鼻孔的手，屏气练习。切记不要吸入空气。

*仰卧姿势*

凸背姿势（详见第六章）：从背部中间到肩部整体放松，使腹斜肌最大程度地放松。

最大限度地拱背拉伸时，从颈部到骶骨的肌肉都参与其中，腹斜肌发挥的作用大。

当腹部向外膨出到最高点时，再次收紧下腹部。

你的腹部肯定会产生收缩感，而且这会刺激乳汁的分泌。

*侧卧姿势*

从母乳喂养的姿势来看，这种姿势可以使孩子离母体更近。

呈凹背姿势，双手放于枕骨之下，使上背部、颈部和肩部都感觉放松。

半桥式凹背姿势不仅能锻炼小腿、大腿和臀部，还能促进血液循环（预防静脉炎并减轻腿部负担）。伸展颈部，强化背部与盆底肌肉力量。没有比这更好的练习了！如果你愿意，还可以把孩子放在腹部上方。

*爬行姿势*

四肢着地，或其他等效动作（如下页图，弯腰手撑于床尾或洗手池上）。

这样可以有效促进新陈代谢。

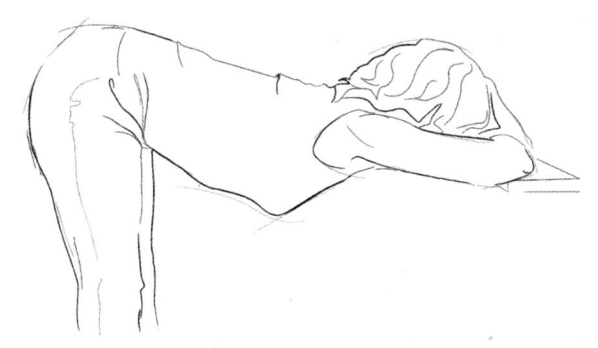

股骨与脊柱的角度小于 90 度

四肢着地或如下图，双臂放于支撑物上，侧面扭转身体。这对身体十分有利，因为经常抱孩子可能导致身体"变形"，这个动作可以通过拉伸有疼痛感的一侧，平衡背部张力。

**坐姿**

坐在餐桌或书桌前，或跪坐于脚跟上，通过凸背与凹背姿势放松肩部。随后保持背部挺直,将孩子抱在胸前。

这种坐姿非常有助于内脏上移。

### 站姿

站立时,身体重心需稍微前倾。假如在公共汽车上,可以将孩子放在婴儿背带中,双手握住与肩同高处的扶手,挺起胸膛,后移颈部。

### 优先保护和支持腹横肌

腹横肌从下方支撑着内脏,在站立时发挥着重要作用。因此,必须强化腹横肌的力量。

此外,腹横肌在调动背部深层肌肉过程中也发挥着重要作用，以协助人体保持与地面垂直的状态。

正确的骨盆倾斜离不开腹横肌的作用。腹横肌处于紧张状态表明身体姿势正常。当处于站立姿势时，腹横肌应始终处于工作状态。

第三章中所有的练习都可用于强化腹横肌的力量。

**产后是否使用束腰带**

有观点认为，产后使用束腰带会阻碍腹肌的修复与强化，因此不建议使用。也有观点认为，产后6周内不宜强化腹肌力量。这一时期的子宫依然沉重，韧带仍处于膨胀状态，腹肌受到过度拉伸，无法承载负荷。这一时期的盆底也非常脆弱，不宜进行强化训练。

事实上，我们总是关注肌肉是否强壮，想让它们变得更强。但当它们变弱时，我们应考虑如何对它们进行保护。

还有一种观点认为，必须先锻炼盆底肌，再强化腹肌。因为腹肌训练总是会产生向下的推力，所以应使盆底肌足够强大后，再锻炼腹肌。

那么，不强化腹肌，也不使用束腰带，整天躺着可以吗？答案当然是否定的。你需要站起来，否则有静脉血栓的风险（当然，除站立以外，还有很多其他避免静脉血栓的方式）。

实际上，你站立时大都处于无支撑状态。在产后最初几周，由于腹肌受到了不同程度的拉伸，无法提供应有的支撑力使身体适应长时间的站立，特别是当你怀中抱有孩子时。

当感觉乳房沉重时，我们就应该戴好胸罩。同样，如果你发现自己体重大幅增加、腹部过度膨胀、站立时身体沉重，或者需要爬多层楼梯、抱较重的孩子，或者需要搬家时，最好都佩戴束腰带，避免腹肌再次受到拉伸。此外，束腰带还有助于背部肌肉持久的工作。戴上束腰带后，你能明显感受到自己的背部挺得更直了。

正确地佩戴束腰带，一般不会影响呼吸，并且能够牢牢托起骨盆（有效缓解下背部疼痛，对骨骺线有益），从下方支撑子宫，还能够强化腹横肌。

事实上，只要不拉伸腹横肌，使其保持长度恒定，就能缓解它的紧张程度。在背部深层肌肉的协同作用下，腹横肌可以提升身体的整体机能。

需要注意的是，束腰带必须水平佩戴，不要系在腰部凹陷处，使腹部悬挂。

### 零压力腹肌强化练习

想象式腹肌锻炼法最适合在床上练习,特别是在给孩子喂奶时,可以选择侧卧或仰卧,甚至可以坐着。关于这一动作的详细讲解,可参照前文"想象式腹肌锻炼"部分。

在想象中锻炼,也能感受到肌肉的反应,而且身体不会感到疲劳。

### 产后初期的腹斜肌练习

产后3周左右就可以做腹斜肌练习。

从盆底开始呼气,用手臂进行对抗阻力练习。躺着做扭转动作,对肩部和上背部也有很大好处。

如果你有健身球,可以一边摇晃孩子,一边利用健身球锻炼腹斜肌。

### 产后初期的腹直肌练习

产后约 4 周就可以尝试瑜伽弹力带练习,拉伸背部和下肢后部。但要选择性地进行练习,只选择那些松开弹力带后腹部不会"弹"出来的练习。

如果你没有感受到任何向外的推力,可以进行衣柜下足部练习和借助雨伞的练习。

*减轻腹直肌分离*

这项练习旨在减轻腹直肌分离。

采用仰卧姿势,背部躺平,双腿略微分开。呼气并挤压盆底,想象你正试图将双腿挤压在一起,随后挤压臀部、腰部、肋部,使挤压感逐渐上移,将自己想象为一块被收紧的布。

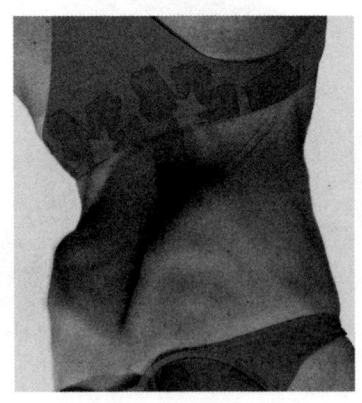

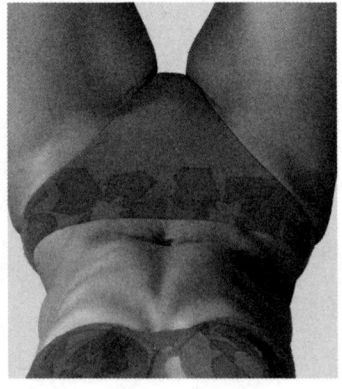

尽可能地使膝盖与腋窝靠近，肋骨间逐渐靠拢，但要避免过度挤压。

在控制好力度之后，逐渐根据个人状态完成不同的练习。

## 绝经期

### 绝经期生理学知识

对于女性来说，绝经期激素水平的变化会引发无法控制的身体变化。

在这一时期，女性常常出现体重增加、腰围增大、腹部充血、腹胀及肌肉松弛等情况，腹部可能也不像以前那样平坦、紧致了。

盆底问题时而出现并有恶化的趋向，如出现漏尿、憋气困难、便秘、下腹沉重感、内脏脱垂等问题。

许多女性想通过体育运动改善这些问题，她们在工作与育儿的这些年里，由于缺乏时间而没能好好运动。部分女性甚至试图通过体操运动防止盆底问题恶化。但需要强调的是，不应该盲目进行任何一项运动。

**应注意的风险**

一些已被证实的风险需要引起重视。

久不运动的心脏与血管无法承受剧烈的运动。经过岁月的洗礼，有些关节已被磨损。膝盖、臀部、肩部及韧带也会时不时地出现疼痛（如肌腱炎）。

即使不考虑运动对盆底的影响，身体在这个阶段也无法承受跑步、网球等剧烈运动。

对于腹肌而言，必须避免腹直肌的收缩。随着绝经期骨质疏松的加剧，椎体压缩性骨折的风险会大大增加，因此这个阶段要特别注意，防止压缩脊柱。人体对脊柱施加的压力多年来一般不变（怀孕时期会增大），不要因为练习动作不到位或腹肌过度压迫而使之增大。

**可选练习**

◆ 关节层面，应始终保持伸展。重点关注脊柱和关节的血液循环。尽可能在无负荷或无身体支撑的前提下进行练习，尽量选择躺下、爬行、倒立或悬挂姿势。

◆ 肌肉层面，应重点强化腹横肌，因为它极易松弛。强化腹横肌是保持身材的关键，可有效预防腹胀与下腹疼痛，因为它能使内脏向内处于垂直位置，还能有效避免下背部疼痛。

◆ 代谢层面，必须促进血液循环，增强肝脏与肾脏的排毒功能，促进新陈代谢。

最适合的练习就是假性胸腔吸气练习。

该练习可按摩内脏，促进子宫、卵巢、肾脏和肾上腺的血液循环，并刺激激素分泌。还可促进内脏上移，使悬挂内脏的韧带重新绷紧、下半部腹横肌强化、盆底深层平面修复等。因此，这是针对内脏下移最有效的盆底修复练习。同时，假性胸腔吸气练习还可强化腹肌，使脊柱最大限度地伸展。在脊柱受压迫的情况下，这项练习有助于挺直腰杆。

此项练习还能促进脊柱血液循环，对骨骼的再生至关重要。

## 推荐方式：想象式腹肌锻炼法

想象式腹肌锻炼法非常适用于绝经期，因为它所需的体能较少。

而且想象式腹肌锻炼法所要求的注意力集中度也较为适宜，

这一年龄段的群体可以轻松地完成。

想象式腹肌锻炼法还可促进脑部血液循环。在锻炼肌肉的同时，还能为头部供氧。

根据个人能力及需要保护的关节部位，制订不同的运动方案，并随时进行调整。使腹部始终保持伸展，带动盆底运动，进行正确地呼吸并避免为身体带来过大的压力（将手放于腹部之上，可以感受到压力的大小）。

## 束腰带

前文提到，在站立、提拿重物或锻炼时，佩戴束腰带非常有用。如果站姿不正确，又不强化腹肌力量，不仅腹部难以回缩，身体整体情况也会变得更糟。

束腰带作为一种辅助工具，如果使用得当，可以强化背部肌肉，不会影响腹横肌工作，也不会对盆底造成太大压力，还能促进身体恢复。

请参阅本章开头孕产期部分的相关知识，更好地了解束腰带的作用及其正确佩戴方式。

# 特殊问题

无论处于哪个年龄段,都可能面临一些特殊的问题。针对这些问题,我们必须相应地调整腹肌锻炼方式。

## 盆底疾病

在尿失禁或内脏下垂的情况下,应注意避免导致腹部高压的运动。

### 运动原则

◆ 尽可能在卧姿、爬行、倒立或悬挂姿势下完成练习。

◆ 通过调动外旋肌与腹横肌完成骨盆倾斜,掌握正确的站立、提物姿势及运气方式。呼吸时尽量从盆底开始向外呼气。

### 可选练习

假性胸腔吸气练习。该练习有助于调整内脏位置,加强盆底器官支持系统,强化腹横肌与深层盆底肌。

腹横肌强化练习。将一只手置于腹部,判断腹部是否回缩、是否存在下行压力。如果腹部回缩且不存在下行压力，可以尝试更多的练习。

## 便秘

### 运动原则

首要原则是采用腹式呼吸法，强化腹肌力量，刺激肠道蠕动。其次是采用正确的用力方式，避免对盆底产生"反推力"，以免加重盆底疾病。另外，正确的如厕姿势也同样重要（可见第二章"如厕姿势"部分）。

### 可选练习

◆ 基础练习：最有效的是腹斜肌练习（包括扭转练习、鳄鱼式练习、侧向拉伸练习等）。

◆ 假性胸腔吸气练习：最理想的是内脏按摩练习。在此练习的基础上，还可以进行瑜伽腹部滚动按摩练习。

◆ 腹横肌强化练习：如吹气球练习，这是缓解便秘的关键。

## 背部疼痛

**运动原则**

◆ 避免收缩腹直肌,因为腹直肌的收缩及椎间隙的压缩必然引发驼背,还会使背部肌肉过于放松。

◆ 熟练掌握以下动作:正确的骨盆倾斜动作(通过伸展完成)、站立姿势及日常动作(包括弯腰、起身与直身等)。同时要时刻挺直腰杆。

◆ 强化腹横肌,它对背肌的影响非常大。

还要进行腹横肌、腹斜肌与腹直肌的组合练习。

**可选练习**

想象式腹肌训练练习特别适合肌肉疼痛者,因为它不需要实际运动,不会带来额外的伤痛。而且想象练习过程中腹肌与背肌处于伸展状态,不会出现收缩的情况。

悬挂练习可以缓解疼痛,通过伸展也可以增强身体素质。

## 术后患者

手术后，我们通常会出现肌肉酸痛、血液循环不畅、排泄障碍、肌肉快速萎缩等问题。

**运动原则**

◆ 保持伸展状态（使骨盆适度倾斜），优先采用腹式呼吸。在所有动作开始前，先进行盆底收缩，使所有动作都在呼气时完成。这样可以大大减轻术后伤口带来的疼痛，特别是在做完腹部手术（如剖宫产等）后。

腹直肌每次收缩都会引发疼痛，因此最好躺着练习，比如侧卧。

◆ 假性胸腔呼吸练习同样可以在产后初期进行。腹部手术后，进行假性胸腔吸气练习不会引发疼痛，还有利于血液循环，促进排泄，并有效防止肠粘连。

**可选练习**

术后静躺的时间越久，进行假性胸腔呼吸练习的效果就越显著，不仅可以有效保持腿肌、背肌与腹肌，促进血液循环，还能调节人的心情。

## 行动不便的群体

还有一个群体必须引起重视,即行动不便者,如需要轮椅才能出行的人。

缺乏运动会导致人体排泄不畅、循环受阻、背肌松弛或受压,最终引发呼吸不畅(膈肌运动不良,只能进行浅表层胸腔呼吸)等问题。

### 运动原则

必须调整坐姿,挺直背部,保持身体伸展(可以坐垫辅助)。运动中,要重点关注以下几点:

◆ 保持伸展,抵抗重力。坐下时挺直腰杆,采用腹式呼吸法,使背部内凹,四肢伸展。

◆ 加速排泄与循环。保持坐姿或卧姿,进行假性胸腔吸气练习。保持坐姿时,还可以进行扭转练习,以及其他针对腹斜肌的强化练习。

◆ 控制排便力度,合理使用坐便器。

**可选练习**

想象式腹肌锻炼法可以有效地保持下肢、背部与腹部肌肉，促进新陈代谢。

该练习不仅能锻炼拮抗肌，还能调节呼吸方式。

## 老年人群体

### 衰老相关的生理学知识

上了年纪之后，人体面临的最大问题是肌肉的大量流失。形态学研究表明，老年人要么特别胖，要么特别瘦，甚至有些"干瘪"。

由于肌肉质量大幅下降，老年人想要维持良好的肌肉状态，必须付出年轻人好几倍的努力。而对于那些年轻时本就不经常锻炼的人来说，难度会更大。

肌肉力量的逐渐减小及运动量的减少导致肌肉迅速衰竭。那些经常步行购物或遛狗的老年人，会保持一定的肌肉量，但一旦停止运动，肌肉便会迅速流失。

**主要目标**

需要重点注意以下事项。

◆ 避免大腿肌肉流失。

借助瑜伽球完成一些练习（如蹲起、靠墙等练习）。

即使是躺在床上，也要优先进行半桥式练习，以及可以锻炼腿部肌肉的腹斜肌练习。

◆ 避免脊柱受压迫。

看电视或阅读时，注意调整坐姿。即使坐在椅子上，也要将腰杆挺直。同时，可将前额置于桌上，进行四肢着地练习。

呼气时的伸展练习及悬挂练习都是较好的选择。

◆ 强化腹横肌。

从盆底开始进行腹式呼吸，以促进血液循环和新陈代谢。如果代谢出现问题，可能引发多种疾病。

◆ 多进行假性胸腔吸气练习。

每次练习时，不要憋气到极限状态（特别是心脏疲劳时）。尽量间隔一段时间，再进行下一次练习，以免过度疲劳。

要促进身体新陈代谢，尤其是腿部和骨盆位置的血液循环。还要使内脏归位，强化盆底肌与腹横肌，保持脊柱伸展。

◆ 进行想象式肌肉锻炼。

当肌肉力量不足或关节疼痛时，适合采用想象式肌肉锻炼法，可以有效防止肌肉萎缩。例如，患有肩部肌腱炎，手臂难以抬起，如果完全不锻炼，肩部肌肉会迅速流失，手臂肌肉的无力感会增强。通过想象式练习能有效保持肌肉（甚至拮抗肌）的力量，促进肌肉和关节中的血液循环，使大脑的注意力更加集中。在椅子或床上就可以完成所有练习，无须借助其他辅具。当然，除了锻炼手臂肌肉以外，还可以利用这种方法锻炼腿部及背部肌肉。

# 结　语

　　腹部是身体的核心，对人体的运动功能和自主神经功能都至关重要。

　　腹部需要得到保护，以平衡的方式工作，须注意保持背部伸展，调整呼吸的方式与幅度。腹部能够支撑和容纳内脏，保持优美的体态。我们应了解腹肌训练常见的错误做法，掌握正确方式，使腹肌训练更为多样化、更有益、能适应多种情况。

　　希望这本书给你以灵感，帮助你掌握减腹力量原理，陪伴你迈向健康之路。

贝尔纳黛特·德加斯凯医生，法国德加斯凯学院创始人，致力于为助产士、理疗师、整骨医生和健身教练提供专业培训。

本书所涉内容未经书面同意，不得用于商业用途。